—

사도 바울이 성도에게

바울로부터 온 편지 2
사도 바울이 성도에게

지은이 | 최종상
초판 발행 | 2025. 5. 21
등록번호 | 제1988-000080호
등록된 곳 | 서울특별시 용산구 서빙고로 65길 38
발행처 | 사단법인 두란노서원
영업부 | 2078-3333   FAX | 080-749-3705
출판부 | 2078-3331

책값은 뒤표지에 있습니다.
ISBN 978-89-531-5107-7 03230

독자의 의견을 기다립니다.
tpress@duranno.com   www.duranno.com

두란노서원은 바울 사도가 3차 전도여행 때 에베소에서 성령 받은 제자들을 따로 세워 하나님의 말씀으로 양육하던 장소입니다. 사도행전 19장 8-20절의 정신에 따라 첫째 목회자를 돕는 사역과 평신도를 훈련시키는 사역, 둘째 세계선교(TIM)와 문서선교 (단행본·잡지) 사역, 셋째 예수문화 및 경배와 찬양 사역, 그리고 가정·상담 사역 등을 감당하고 있습니다. 1980년 12월 22일에 창립된 두란노서원은 주님 오실 때까지 이 사역들을 계속할 것입니다.

사도 바울이
성도에게

최종상 지음

Letters
from
Paul

바울로부터
온
편지

2

두란노

차례

예수님의 제자이면서 동시에 전도자, 선교사, 교회 개척자, 목회자, 신학자이자 저술가였던 사도 바울. 그는 다양한 역할을 훌륭하게 감당한 주님의 일꾼이었다. 그의 다면적 초상은 오랜 세월 동안 많은 그리스도인에게 영감을 주었고, 그의 삶과 사역, 가르침과 신학은 2천 년이 지난 지금도 여전히 적절하고 살아 있다.

　　종교다원화의 시대에 기독교 감소를 체험하는 서구 교회와 한국 교회는 기독교의 본질을 회복해야 할 중대한 기로에 서 있다. 이러한 때에 우리가 따라야 할 가장 적절한 모델이 바로 사도 바울이다. 그는 로마의 작은 식민지의 종족임에도 불구하고 거대한 헬라와 로마의 범신론과 세속화에 맞서 담대히 복음을 전하여 제국의 여러 속주에 교회들을 개척했다. 그의 목회와 가르침으로 성도들은 극심한 핍박 가운데서도 기독교의 본질을 지켜 냈고 마침내 로마 제국은 기독교를 공인하게 되었다. 바울

이 어떻게 살고 무엇을 가르쳤기에 이런 역사가 뒤따르게
되었을까? 그의 삶과 가르침이 궁금하지 않을 수 없다.
사도 베드로는 바울의 가르침이 어렵다고 했지만 말이다
(벧후 3:15-16).

사도 바울이 21세기의 성도들과 목회자들, 선교사들
그리고 신학도들에게 편지를 쓴다면 과연 어떤 교훈과 권
면을 줄까? 그의 가르침이 우리에게 절실하다. 그래서 이
번 《바울로부터 온 편지》 시리즈에서는 만약 사도 바울
이 이 시대를 살아가는 그리스도인들에게 권면과 도전의
메시지를 전한다면 어떤 말을 할지 편지의 형태로 기술해
보고자 한다.

대체적으로 바울서신은 수신인이 교회 지도부를 포
함한 성도들이었고, 당시 1세기 교회들이 직면했던 상황
을 전제로 기록되었다. 따라서 그의 서신들 속에서 21세
기를 살아가는 '나에게', 특히 '목회자', '성도', '선교사', '신
학도'라는 각각의 위치에 있는 '나에게' 주는 메시지를 찾
아내기는 생각만큼 쉽지 않을 수 있다.

그래서 이번 《바울로부터 온 편지》 시리즈를 각각의
직분을 향한 편지 네 권으로 구성했다. 《목회자 바울이
목회자에게》, 《사도 바울이 성도에게》, 《선교사 바울이
선교사에게》, 《신학자 바울이 신학도에게》다.

이 시리즈에서는 각 직분자에게 사도 바울이 나눌 메시지를 모아 보았다. 하지만 각 직분에 따라 명확하게 구분하는 것은 불가능에 가까웠다. 다양한 직분의 역할을 사도 바울 혼자 감당했기 때문이며, 바울서신이 목회적이고 선교적인 동시에 신학적이며, 이런 요소들이 서로 복합적으로 뒤섞여 있다 보니 내용과 주제가 조금은 중복될 수밖에 없었다. 하지만 주로 누구에게 말하는가에 중점을 두고 기술하고자 했다. 서로 연결되어 있는 만큼 《바울로부터 온 편지》 시리즈 전권을 읽는다면, 바울의 사도적, 목회적, 선교적, 신학적 가르침을 포괄적으로 이해하게 될 것이다.

또한 네 권 모두 그 내용을 평신도들이 이해할 수 있도록 쉽게 기술하고자 노력했다. 성도들도 목회적, 선교적, 신학적 주제를 관심 갖고 읽기 바란다. 바울서신은 기본적으로 초대 교회 성도들에게 보낸 것인데, 거기에 위 주제들이 다 담겨 있고 그들도 신학적 내용을 이해했기 때문이다. 시리즈의 책을 다 읽으면 방대한 지식과 균형 잡힌 신앙을 갖게 되고 다른 직분자들을 더 잘 이해할 수 있게 될 것이다. 다만 사도 바울도 그랬듯이, 독자들이 궁금해할 모든 주제를 다룰 수 없는 한계에 대해서는 양해를 구한다.

바울의 권면을 새로이 들으려면 바울서신의 메시지만으로도 충분할 수 있다. 바울서신의 일차적 수신인은 우리가 아니었다 할지라도 하나님은 우리를 위해서도 쓰도록 섭리하셨기 때문이다. 하지만 보다 풍성한 메시지를 받기 위해 바울 당시 없었던 사도행전을 비롯하여 신약의 말씀들도 살피고자 한다. 사복음서에 기록된 예수님의 가르침도 조명할 것이다. 예수님의 가르침을 직접 받지 못했고 그분의 가르침과 행적이 기록된 복음서도 없던 시대에 사역했지만, 오늘 우리에게 편지를 쓰거나 가르친다면 당연히 기록된 예수님의 가르침을 많이 인용할 것이기 때문이다.

이 시리즈의 제목들은 13여 년 전, 이미 정해 놓았다. 그러나 이제야 세상에 나오게 된 것은 하나님의 은혜요 타이밍이라고 고백할 수 있다. 주님의 인도하심으로 CGN과 함께 작업한 10부작 스토리 다큐 〈바울로부터〉가 다양한 채널로 방영되었다. 미국에서 주관하는 ICVM(International Christian Visual Media) 크라운 어워즈에서 해외 프로덕션 부문 최고 영예인 금관상(Gold Crown Award)을 받았다. 게다가 80여 분으로 줄인 〈바울로부터 스페셜 마스터〉가 2024년 크리스마스 특집으로 KBS 1TV에서 방영되었고, 영어와 중국어를 비롯한 주요 언어로 자막 처리되어 세계로 뻗어 갔다.

다큐를 위해 스크립트로 쓴 원고가 《바울로부터》라는 제목으로 두란노에서 출판되었고, 2024년 한국기독교출판문화상 대상(大賞)을 수상하게 되었다.

이런 하나님의 은혜를 경험하면서 여러 해 전 제목만 정해 놓았던 이 시리즈를 마무리해야 한다는 책임감이 몰려왔다. 몇 번의 인터뷰를 통해 "바울이 오늘날 한국 교회에 어떤 메시지를 주실 것 같은가?"라는 질문을 자주 받으면서 집필을 결심하게 되었다. 다큐 "바울로부터"와 책에 이어 성도, 목회자, 선교사, 신학도에게 개별적으로 바울로부터 적절한 권면과 메시지가 전달되는 것은 하나님의 완벽한 시간표를 따르고 있다는 확신마저 든다.

서술 방식에 대해서는 고민이 많았다. 결론은 바울 사도가 성도들과 목회자들과 선교사들과 신학도들에게 직접 편지를 쓰듯 서간체를 채택했다. 사도 바울이 직접 말하는 일인칭 형식을 사용하려니 바울에 대해 기술하는 것과는 차원이 다른 부담감이 있었던 것은 사실이다. 혹시라도 바울의 삶과 가르침을 충분히 이해하지 못하면서 바울이 직접 말하는 것으로 전달하는 결과를 가져오면 안 된다는 생각 때문이었다. 그래서 망설였다.

그러나 바울로부터 직접 메시지와 설명을 듣는 서체

에는 이야기를 전달하는 제3자의 입장에서 기술하는 것과는 비교할 수 없을 만큼 더 큰 가르침과 묵직한 힘이 있으리라는 생각이 들었다. 이러한 이유로 바울의 마음과 정신과 신학을 최대한 제대로 투영시키려고 철저히 노력해야 한다는 것을 스스로 유념하며 용기를 내어 바울이 직접 전하는 편지의 형식으로 풀어내기로 했다. 이 시리즈가 현대의 믿는 자들 모두에게 '현대판 바울서신'으로 다가갈 수 있기를 소망한다.

《바울로부터 온 편지》 시리즈를 통해 바울을 본받아 힘을 얻고, 예수님과 바울이 각자에게 들려주는 메시지를 발견하게 되길 바란다. 그리하여 새로운 관점으로 성경과 바울의 삶을 보게 되고, 그의 가르침이 지식의 차원을 넘어 진정한 삶과 사역에서 변화를 경험하게 하는 원동력이 되길 소망하며 기도한다.

주님께 감사와 영광을 돌리며 출판에 힘써 준 두란노 편집 팀, 아내 윤명희 선교사와 가족에게 감사드린다.

최종상

주 안에서 사랑하는 성도님!

　　당신은 "하나님의 사랑하심을 받고 성도로 부르심을 받은" 귀한 사람입니다(롬 1:7). 그분이 당신을 자녀로 삼아 주셨기에, 온 우주 만물을 창조하고 운행하시는 하나님을 아버지라 부를 수 있는 친밀한 관계를 누리게 되었습니다. 어떻게 이런 축복이 가능하게 되었을까요? 죄에 빠져 그분을 알지도 못하고 경외하지도 않았지만, 하나님께서는 조건 없는 사랑으로 당신을 받아 주셨습니다. 바로 예수님을 통해서입니다.

　　이 모든 것은 하나님의 은혜요, 사랑입니다. 하나님의 은혜로 인하여 당신은 믿음으로 구원을 받았고, 새 생명을 얻었습니다. 구원을 받고 예수님을 따르는 제자가 되었으며, 죄를 용서받고 하나님의 자녀가 되었습니다. 또한 영생을 선물로 받았으며, 마음속에 성령님을 모시게 되었습니다. 하늘에 속한 신령한 복을 받았습니다(엡 1:3). 이것은 경험할 수 있는 가장 큰 변화이며, 받을 수 있는 최고의 선물이요, 세상에서 누릴 수 있는 가장 큰 축복입니다. 어떻게 하나님께 온전한 감사를 다 드릴 수 있겠습니까? 사도 요한의 고백처럼 감격하고 감탄할 뿐입니다.

보라 아버지께서 어떠한 사랑을 우리에게 베푸사 하나님의 자녀라 일컬음을 받게 하셨는가(요일 3:1).

용서와 구원의 은총을 받고 나보다 더 감격한 사람도 많지 않을 것입니다. '주님께서 교회를 극심히 핍박하던 나를 용서하고 불러 주셨으니 그분을 위해 살아야 한다, 무엇인가 해야 한다'는 생각이 나를 사로잡았습니다. 더 이상 내가 산 것이 아니요, 내 안에 예수님이 사시기에 다시는 나를 위해 살지 않고 나를 위해 죽었다가 다시 사신 예수님을 위해 살아야 한다고 확신했습니다 (갈 2:20; 고후 5:14-15).

당신도 마찬가지일 것입니다. 우리는 당연히 이 땅

에서 주님을 위해 그분이 기뻐하실 일을 해야 합니다. 예수님을 믿어 천국 시민이 되었지만, 이 땅에 살아 있는 동안 하나님의 자녀로서, 예수님의 제자로서 합당하게 살아야 합니다. 새 생명을 받아 거듭났으니 그리스도의 장성한 분량까지 자라 가야 합니다. 예수님의 인격과 성품을 본받아 성숙한 그리스도인이 되어야 합니다. 임무가 아니라 감사의 표현으로 말입니다. 의무가 아니라 자원하는 마음으로 주님을 더 사랑하고, 알아 가고, 섬겨야 할 것입니다.

어떻게 그렇게 할 수 있을지, 하나님의 자녀로서 무엇을 믿고 확신해야 하는지, 어떻게 살아야 하는지를 이 편지에서 나누려고 합니다. 내가 교회들에게 보낸 편지는 모두 어떤 상황이 있었기에 주로 그 상황에 맞는 권면과 설명을 적었습니다. 하지만 당신에게 쓰는 이 글은 좀 다릅니다. 어떤 특정 상황을 두고 쓰는 것이 아니어서 덜 구체적으로 보일 수도 있습니다. 그래도 초대 교회들에게 쓴 내용과 원리를 중심으로 세계 곳곳에서 예수님을 주로 고백하는 현대 성도들에게 필요한 내용을 나누고자 합니다. 같은 말을 쓰는 것이 내게는 수고로움이 없고 당신에게는 안전하기 때문입니다(빌 3:1). 사도의 권위로 쓰는 것이 아니라, 신앙의 선배로서 당신을 돕고 싶습니다.

이 편지를 손에 잡은 분 중에 교회에 다니기는 하지만 아직 예수님의 복음을 온전히 이해하지 못한 사람이 있을 수 있습니다. 아예 교회에 나가지 않는 사람도 있을 것입니다. 그래도 관심을 가지고 읽으면 기독교의 본질과 예수를 믿는 신앙의 핵심을 알게 되리라 생각합니다. 예수님을 믿고 바른 신앙생활을 하게 되길 기도합니다.

당신에게 예수님의 말씀과 마음을 전달하기 원합니다. 배우고 실천하고자 하는 열린 마음으로 읽어 주길 바랍니다. 이 편지가 지식이나 정보(information)보다 삶에 변화(transformation)를 줄 수 있길 소원합니다. 그리하여 당신의 신앙생활과 삶에 활력이 넘치고, 주변 사람들에게 축복의 통로가 되어 주님께 영광이 드려지길 기도합니다.

사도 바울 드림

1

믿고
확신하는 일에
거하십시오

고대 고린도에 세워진 아폴론 신전의 남은 일곱 기둥

-
고대 고린도에 세워졌던 아폴론 신전의 남은 일곱 기둥은 당시 이 신전의 위용과 우상 숭배의 극치를 보여 줍니다. 이 음란과 우상 숭배의 도시에 바울은 복음의 빛을 들고 도착했습니다. 그리하여 마침내 많은 고난에도 불구하고 이 도시에 예수 공동체를 세웠으며, 도시를 변화시켰습니다. 고린도 성도들이 믿고 확신했던 복음의 위대함을 생각하게 됩니다.

| 롬 5:8 |

우리가 아직 죄인 되었을 때에 그리스도께서 우리를 위하여 죽으심으로 하나님께서 우리에 대한 자기의 사랑을 확증하셨느니라

당신이 예수님을 믿어 하나님의 자녀가 되었으니 이보다 더 큰 축복이 없습니다. 다시금 함께 기뻐하며 주님께 감사드립니다. 예수님을 처음 믿었을 때 가졌던 그 첫사랑의 감격과 감사의 순도를 늘 유지하기 바랍니다. 시간이 흐르면서 종교 생활 같은 신앙생활은 유지하지만 감격과 간절함의 순도는 떨어지는 경우가 많습니다. 그래서 나는 고린도 성도들을 일깨우려고

"너희는 믿음 안에 있는가 너희 자신을 시험하고 너희 자신을 확증하라"고 주문했습니다(고후 13:5). 믿음에서 떠나는 자들과 배교하는 자들을 보는 것이 너무 힘들었기 때문입니다(딤전 1:9, 4:1, 6:21). 당신은 끝까지 믿음을 지키고 주님께 충성하길 기도합니다.

믿음으로 구원을 얻어 성도가 되었으므로 그 믿은 바를 확실히 아는 것이 중요합니다. 복음은 이미 다 아는 것이라며 가벼이 넘길 수 있는 내용이 아닙니다. 언제 들어도 감사와 감격이 넘치는 위대한 러브 스토리입니다. 복음은 우리를 믿고 확신하는 일에 거하게 해 줍니다. 다른 사람에게 기독교의 가장 본질적인 부분을 알려 주기 위해서라도 복음은 확실히 알아야 합니다. 내가 고린도에서 교회를 개척하며 목회할 때 내 메시지의 주제는 늘 예수 복음이었습니다. "내가 너희 중에서 예수 그리스도와 그가 십자가에 못 박히신 것 외에는 아무것도 알지 아니하기로 작정하였"기 때문입니다(고전 2:2).

고린도에서 사역했던 일 년 반 동안 가장 우선적으로 전한 것은 "성경대로 그리스도께서 우리 죄를 위하여 죽으시고 장사 지낸 바 되셨다가 성경대로 사흘 만에 다시 살아나사 게바에게 보이시고 후에 열두 제자에게와 … 맨 나중에 만삭되지 못하여 난 자 같은 내게도 보이셨”다는 복음이었습니다(고전 15:1-8). 어떤 서론으로 시작하든지 설교의 핵심은 항상 복음이었습니다. 성도들은 그 복음을 듣고 또 들었습니다. 복음을 지식으로 생각하면 다시 듣는 것이 힘들 수 있습니다. 그러나 우리를 살리신 하나님의 사랑과 선물의 이야기라면 언제 들어도 감격과 감사가 넘칠 것입니다. 복음을 듣고 예수님을 믿은 로마 성도들에게 내가 다시 복음을 정리해 보냈다는 것을 유념하십시오.

당신도 복음을 다시 들어야 합니다. 머리에 머물게 하지 말고 가슴에 가득 차도록 묵상해야 합니다. 예수님을 믿고 처음 느꼈던 감격과 첫사랑을 다시 경험하길 바랍니다. 예배당에 다니지만 구원을 얻으려는 간절함이 없는 분, 간절함은 있지만 무엇을 믿어야 하는지 몰라 아직 개인적으로 예수님을 영접하지 못한 분, 교회에는 다니지 않지만 기독교의 진수(眞髓)를 알고 싶어 하는 분, 심지어 무관심자나 반대자에게도 예수님의 사랑을 전해 드리기 위해 여기 복음을 다시 기록합니다.

당신을 위해 준비하신 선물

하나님은 온 우주와 그 안에 충만한 것을 창조하고 운행하시는 분입니다. 영원부터 영원까지 스스로 존재하시는 분입니다. 모든 것을 갖고 계시며, 무엇이든 하실 수 있는 분입니다. 그런 하나님께 어떤 선물을 구하겠습니까? 우리에게 가장 필요하고 좋은 것이 무엇인지는 그분이 더 잘 아십니다. 하나님이 우리를 위해 준비하신 선물은 바로 영원한 생명입니다. "죄의 삯은 죽음이요, 하나님의 선물은 우리 주 예수 그리스도 안에서 누리는 영원한 생명입니다"(롬 6:23, 새번역).

영생은 하나님만 주실 수 있는 선물입니다. 하나님은 당신에게도 영원한 생명을 주시기를 원하십니다. "너희는 그 은혜에 의하여 믿음으로 말미암아 구원을 받았으니 이것은 너희에게서 난 것이 아니요 하나님의 선물"입니다(엡 2:8).

구원을 받는 것과 영원한 생명을 받는 것은 같은 말입니다. 생명보다 더 귀한 것은 없습니다. 온 천하를 얻고도 목숨을 잃으면 무슨 유익이 있겠습니까(마 16:26;

막 8:37)? "하나님은 모든 사람이 구원을 받으며 진리를 아는 데에 이르기를 원하"십니다(딤전 2:4). 하나님이 당신에게 이 귀한 선물을 주시는 이유는 당신을 사랑하시기 때문입니다. 당신이 하나님을 알지 못하고 또 찾지 않을 때부터 하나님은 당신을 알고 계셨고, 사랑하셨습니다. 그것은 조건 없는 사랑이며, 측량할 수 없이 크고 넓은 사랑입니다. 하나님은 예수님을 이 땅에 보냄으로 그 사랑을 표현하기 시작하셨습니다. 하나님은 당신을 포함한 세상 모든 사람을 사랑하기에 예수님을 보내 주신 것입니다(요 3:16). 구원은 예수님을 믿을 때 주어지는 것이므로, 예수님이 누구이며 당신을 위해 무슨 일을 하셨는지 아는 것이 필요합니다. 사도 요한은 예수님을 이렇게 소개했습니다.

태초에 말씀이 계시니라 이 말씀이 하나님과 함께 계셨으니 이 말씀은 곧 하나님이시니라 그가 태초에 하나님과 함께 계셨고 만물이 그로 말미암아 지은 바 되었으니 지은 것이 하나도 그가 없이는 된 것이 없느니라(요 1:1-3).

여기서 '말씀'은 예수님을 가리키는데 "이 말씀은 곧 하나님"이라 선포했습니다. 이분이 사람이 되어 이 땅에 오셨습니다. 나도 그렇게 설명했습니다. "그[예수님]는 근본 하나님의 본체시나 하나님과 동등됨을 취할 것으로 여기지 아니하시고 오히려 자기를 비워 종의 형체를 가지사 사람들과 같이 되셨고 사람의 모양으로 나타나"신 분입니다(빌 2:6-8). 또한 "그는 보이지 아니하는 하나님의 형상이시요 모든 피조물보다 먼저 나신 이시니 만물이 그에게서 창조되되 … 만물이 다 그로 말미암고 그를 위하여 창조되었고", 하나님의 신성의 모든 충만이 예수 안에 거하십니다(골 1:15-16, 19, 2:9).

예수님은 창조주이며 온 우주 만물의 주관자이십니다. 그분은 하나님의 본체로서 사람으로 세상에 오셨습니다. "나와 아버지는 하나"라 말씀하신 예수님은 하나님의 살아 움직이는 사진이었습니다. 그래서 "나를 본 자는 아버지를 보았"다고 말씀하신 것입니다(요 5:17-18, 10:30, 33, 14:9).

신성을 가지신 창조주 예수님이 왜 이 땅에 오셨을까요? 그것은 인간의 상태와 관련되어 있습니다. 아담으로부터 모든 사람이 죄를 범하였고, 그 죄의 대가로 모두가 하나님과 분리되어 영적으로 죽었습니다. 육신적으로도 반드시 죽게 됩니다(롬 3:23; 엡 2:1; 히 9:27). 당신도 예외가 아닙니다. 죄의 결과로 사람들은 공중 권세 잡은 사탄을 따라 육체의 욕심과 원하는 대로 살아왔습니다. 하나님은 당신의 형상으로 지은 인간을 사랑하셨지만, 인간은 오히려 우상을 숭배하며 하나님을 대적했습니다. 많은 죄를 지으면서 하나님을 거역하여 진노의 대상이 되었습니다(엡 2:1-3). 당신도 마찬가지입니다. 세상 기준으로는 착한 사람일지 몰라도, 성경은 하나님 앞에서 우리의 의는 더러운 옷 같을 뿐이라고 말씀합니다(사 64:6; 시 53:3).

당신의 죄의 무게와 결과를 심각하게 생각해야 합니다. 우리는 죄의 권세 아래 태어나 죄와 세상이 이끄는 대로 살았습니다. 죄로 말미암아 하나님과 분리되었고, 하나님을 알거나 찾으려 하지도 않았습니다. 하나님의 존재를 모르고 찾지 않으며 두려워하지 않은 것은 큰 죄입니다. 그로 말미암아 모든 사람은 한 번 죽는 것이 정해졌고, 그 후에는 심판이 있으며, 그 심판의 결과로 지옥에 가는 여정을 밟고 있었습니다(히 9:27). 그러나 하나님은 이렇게 죄와 결함이 많은 우리를 그냥 버려두지 않으셨습니다. 오히려 죄와 불순종과 지옥에서 우리를 건져 내어 새 삶을 주기를 원하셨습니다. 끝까지 포기하지 않으신 하나님의 사랑입니다.

이 구원의 계획이 실현되기 시작한 것이 바로 예수님의 첫 오심이었습니다. 예수님이 오신 목적을 직접 말씀하신 것을 보면 인간의 죄와 관련이 있음을 알 수 있습니다. "죄인을 부르러 왔노라"(마 9:13), "인자가 온 것은 잃어버린 자를 찾아 구원하려 함이니라"(눅 19:10), "인자가 온 것은 … 자기 목숨을 많은 사람의 대속물[代贖物]로 주려 함이니라"(막 10:45). 예수님은 우리 죄를 대신 속하는 희생 제물이 되기 위해 오셨습니다. 우리 대신 벌을 받아 죄의 값을 치르고, 우리로 생명을 얻게 하려고 오셨다고 말씀하셨습니다.

내가 온 것은 양으로 생명을 얻게 하고 더 풍성히 얻게 하려는 것이라(요 10:10).

나도 "그리스도 예수께서 죄인을 구원하시려고 세상에 임하셨"고, "그가 모든 사람을 위하여 자기를 대속물로 주셨"다고 적었습니다(딤전 1:15, 2:6). 그분의 이름 '예수'가 바로 "자기 백성을 그들의 죄에서 구원할 자"라는 뜻입니다(마 1:21).

사도들은 예수님이 우리의 죄를 없애기 위해 오셨다는 것을 더 강조했습니다.

그가 우리 죄를 없애려고 나타나신 것을 너희가 아나니 그에게는 죄가 없느니라(요일 3:5).

그분은 죄 없이 태어나셨고 죄를 짓지 않았지만(눅 1:34-35; 히 4:15; 벧전 2:22; 요일 3:5), 죄의 대가인 죽음을 당하셨습니다. 인류와 당신을 위해 대신하여 죽으셨습니다. "하나님이 죄를 알지도 못하신 이[예수]를 우리를 대신하여 죄로 삼으신 것은 우리로 하여금 그 안에서 하나님의 의가 되게 하려 하심"이었습니다(고후 5:21; 히 7:26). 그래서 예수님은 "자기를 단번에 제물로 드려 죄를 없이 하시려고 세상 끝에 나타나셨"습니다(히 9:26). 세상 죄를

대신 지고 가는 하나님의 어린양으로 오셨고(요 1:29), 십
자가에서 흘린 보혈로 당신을 포함하여 온 인류의 죗값
을 대신 지불하셨습니다.

대신 받으신 십자가 형벌과 영광스러운 부활

"친히 나무에 달려 그 몸으로 우리 죄를 담당하셨으
니 이는 우리로 죄에 대하여 죽고 의에 대하여 살게 하려
하심"이며, "그가 채찍에 맞음으로" 우리는 "나음을 얻
었"습니다(벧전 2:24). "우리가 아직 죄인 되었을 때에 그
리스도께서 우리를 위하여 죽으심으로 하나님께서 우리
에 대한 자기의 사랑을 확증하셨"습니다(롬 5:8). 이렇듯
예수님이 십자가에서 보혈을 흘리신 것은 인류의 구원
을 위해서였습니다. 더 좁혀 말하면, 당신의 형벌을 대
신 받느라 고난을 당하신 것입니다.

그가 찔림은 우리의 허물 때문이요 그가 상함은 우리의 죄
악 때문이라 그가 징계를 받으므로 우리는 평화를 누리고

그가 채찍에 맞으므로 우리는 나음을 받았도다 우리는 다 양 같아서 그릇 행하여 각기 제 길로 갔거늘 여호와께서 는 우리 모두의 죄악을 그에게 담당시키셨도다(사 53:5-6).

여기 '우리' 자리에 당신의 이름을 넣어 읽어 보십시오. 의미가 더 깊게 다가올 것입니다. 메시아가 백성을 대신하여 고난을 받고 죄를 담당하는 것은 이미 예언된 일이었습니다. 하나님께서는 이스라엘 백성에게 해마다 희생 제물을 드려 죄를 사하는 제도를 주셨고, 대제사장은 일 년에 한 차례 희생 제물의 피를 가지고 지성소에 들어가 제사를 드림으로써 백성은 속죄를 받았습니다. 하지만 이제는 예수님이 친히 희생 제물이 되셨습니다.

염소와 송아지의 피로 하지 아니하고 오직 자기의 피로 영원한 속죄를 이루사 단번에 성소에 들어가셨느니라 (히 9:12).

대제사장이 해마다 다른 것의 피로써 성소에 들어가는 것 같이 자주 자기를 드리려고 아니하실지니 그리하면 그가

세상을 창조한 때부터 자주 고난을 받았어야 할 것이로되
이제 자기를 단번에 제물로 드려 죄를 없이 하시려고 세
상 끝에 나타나셨느니라(히 9:25-26; 벧전 3:18).

　신성을 가지신 예수님이 죄인들을 대신하여 죽으셨
습니다(롬 5:6). 그분의 죽음은 모든 사람의 죄의 대가를
대신 치르기 위해 드린 영원한 제사였고, 다시는 제사를
드릴 필요가 없게 하는 온전한 제사였습니다(히 10:12, 14,
18). 예수님이 가장 고통스럽고 끔찍한 십자가 형벌을 받
으며 피를 흘리신 것은 "피 흘림이 없은즉 사함이 없"는
하나님의 원리를 충족시키기 위함이었습니다(히 9:22).
예수님이 그분의 피로써 당신의 죗값을 대신 지불해 주
셨기 때문에 당신은 값없이 의롭다 함을 얻을 수 있게 되
었습니다. 거룩하신 하나님과 죄 많은 당신을 화목하게
하려고 예수님이 자신을 화목 제물로 드리셨기 때문입
니다(롬 3:24-25).
　그래서 나는 그의 피로 말미암아 우리가 죄 사함을
받았고, 하나님과 화평을 누리게 되었다고 기뻐 선포했
습니다(엡 1:7; 골 1:20). 예수님의 피가 모든 죄에서 우리

를 깨끗하게 했습니다(요일 1:7). 진홍같이 붉은 우리의 죄를 양털같이 희게 해 주셨고, 동(東)이 서(西)에서 먼 것같이 우리의 죄를 멀리 옮겨 주셨습니다(사 1:18; 시 103:12). 예수님의 오심이 우리의 죄와 깊은 관련이 있듯, 그분의 죽음 역시 우리의 죄와 직결되어 있습니다. 이것은 당신을 향한 하나님의 사랑의 확실한 증거가 아닐 수 없습니다. "그리스도께서 우리를 위하여 죽으심으로 하나님께서 우리에 대한 자기의 사랑을 확증하셨"습니다(롬 5:8). 하나님은 십자가에서 인간을 향한 사랑과 죄를 처벌해야 하는 공의를 동시에 이루셨습니다. 죄에서뿐만 아니라 어둠의 세력과 사탄의 권세에서도 해방시켜 자유를 주셨습니다(골 2:15).

십자가에서 돌아가신 예수님은 무덤에 장사되었다가 사흘 만에 다시 살아나셨습니다(마 28:1-10; 막 16:1-13; 눅 24:1-12; 요 20:1-29). 예언대로 하나님이 다시 살리셨습니다. 예수님의 부활로 그분의 죽음이 하나님의 큰 뜻과 섭리에 따라 이루어진 것임이 확증되었고, 그분이 진정 하나님의 아들이라는 사실이 온 세상에 드러났습니다(롬 1:4). 나는 메시아의 부활이 예언된 구약의 말씀을 인용하며 예수님의 부활을 소리 높여 증거했습니다 (행 13:33-37). 내가 전한 복음의 핵심은 예수님의 부활이 었습니다(롬 10:9; 고전 15:4; 엡 1:20; 살전 4:14; 딤후 2:8).

사도들도 같은 메시지를 전했습니다(행 2:23-24, 3:14-15). 예수님의 십자가가 우리의 죄를 없애 주셨듯이 그 분의 부활은 우리를 의롭게 하는 효력을 발휘했고, 우리 에게도 부활의 소망과 확신을 갖게 했습니다(롬 4:25; 고전 15:20; 살전 4:14). "모든 사람이 죄를 범하였으매 하나님의 영광에 이르지 못하더니 그리스도 예수 안에 있는 속량 으로 말미암아 하나님의 은혜로 값없이 의롭다 하심을 얻은 자 되었"고, "그와 같은 형상으로 변화하여 영광에 서 영광에 이르"게 되었습니다(롬 3:23-24; 고후 3:18).

예수님이 곧 복음이며 복음의 내용입니다. 예수님은 구약에 예언된 대로 육신으로는 다윗의 혈통에서 나셨고, 대속을 위해 희생 제물로 십자가에서 죽으셨으나 부활하 여 하나님의 아들로 확증된 분입니다(롬 1:2-4; 딤후 2:8). 성 경은 이분이 누구이며 무슨 일을 하셨는지를 알고 믿는 모든 자에게 구원을 주신다고 약속합니다(롬 1:16, 10:9-13). 예수님만이 유일한 구주요, 하나님과 인류 사이의

중보자이십니다(딤전 2:5; 히 8:6, 9:15, 12:24). "다른 이로써
는 구원을 받을 수 없나니 천하 사람 중에 구원을 받을
만한 다른 이름을 우리에게 주신 일이 없음이라"(행 4:12)
라는 사도의 말처럼, 인간이 하나님께 나아갈 수 있는 유
일한 길은 예수님뿐입니다(요 14:6).

당신의 반응이 중요합니다

예수님은 인류의 죄를 지고 십자가 형벌을 받으셨
으며, 그 피로 당신의 죗값도 대신 치르셨습니다. 또한
당신을 의롭다 하기 위해 부활하셨습니다. 이렇게 예수
님이 하신 일은 당신과 직결되어 있지만, 그렇다고 당신
에게 구원의 효력이 자동적으로 발생하는 것은 아닙니
다. 일반적인 선물과 마찬가지로 하나님이 준비하신 선
물에도 두 가지 특성이 있습니다. 첫째는 공짜라는 것이
고, 둘째는 받지 않으면 내 것이 될 수 없다는 것입니다.

하나님께서 구원의 은혜라는 선물을 준비하셨지
만, 감사히 받는 사람만이 그것을 가질 수 있습니다. 만

약 당신이 받지 않는다면, 이 귀한 선물은 당신의 것이 될 수 없습니다. "영접하는 자 곧 그 이름을 믿는 자들에게는 하나님의 자녀가 되는 권세를 주셨"습니다(요 1:12; 갈 3:26). "이는 그를 믿는 자마다 멸망하지 않고 영생을 얻게 하려 하심이라"(요 3:16)라는 말씀처럼, 예수께서 하나님의 아들이요, 그리스도이심을 믿으면 영생을 얻습니다(요 20:31). 예수님을 믿고 영접하는 자에게만 구원과 영생이 선물로 주어진다는 것입니다. 모든 사람이 감사하는 마음을 가지고 예수님을 믿음으로 이 선물을 받아야 합니다. 이 놀라운 예수님의 사랑 이야기를 듣고도 믿지 않는 것은 큰 죄입니다(요 16:9).

그래서 나는 가는 곳마다 외쳤습니다. "네가 만일 네 입으로 예수를 주로 시인하며 또 하나님께서 그를 죽은 자 가운데서 살리신 것을 네 마음에 믿으면 구원을 받으리라"라고 말입니다(롬 10:9). 당신도 예수님이 신성을 가지신 여호와 하나님임을 입으로 시인하고, 그분이 당신의 죄를 지고 십자가에서 죽으신 것과 다시 살아나신 것을 마음으로 믿으면 구원을 얻게 됩니다. 하나님은 그외에 아무것도 요구하지 않으십니다. 구원은 돈으로 살

수도 없고, 선행의 대가로도 얻을 수 없습니다. 하나님은 오직 당신의 회개와 믿음 그리고 감사를 기대하실 뿐입니다. 회개란 자신의 죄에 대한 형벌의 엄중함을 뉘우치고, 하나님께 용서를 구하며 죄의 길을 떠나 예수님을 믿기로 결단하는 것입니다.

예수님을 구주로 모시고 싶다면 지금 당신의 마음을 기도로 고백하십시오. 십자가에서 당신의 죄를 대신 지신 예수님께 감사드리십시오. 예수님의 부활을 믿는다고 고백하고, 그분을 구주와 삶의 주인으로 마음 중심에 영접하기로 결단한다고 고백하십시오. 죄의 길을 떠나 남은 인생은 주님을 위해 살겠다고 예수님의 이름으로 말씀드리십시오.

진심으로 이 짧은 기도를 드린다면, 하나님께서 구원의 은총과 영생의 선물을 주시고 당신을 자녀로 꼭 품어 주실 것입니다. 당신의 이름을 하늘 생명책에 기록하고 당신의 하나님이 되어 주실 것입니다. 어떤 신앙의 여정을 걸어왔든지 누구나 여기서 출발해야 합니다. 세례를 받음으로써 믿음을 공적으로 선포하고, 예수님과 함께 죽고 함께 살아났음을 감사하십시오. 때때로 자신이 믿음 안에 있는지 돌아보고, 이 복음을 믿고 확신하는 일에 거하십시오. 그리하여 구원의 감사와 감격 그리고 첫사랑을 회복하기 바랍니다.

여기까지 생각하면 당신이 예수님을 믿기로 선택한 것처럼 보입니다. 그러나 하나님의 사랑과 은혜를 알고 나서 돌아보면, 우리가 예수님을 선택한 것이 아니라 하나님께서 우리를 먼저 택하셨음을 알게 됩니다. 어머니의 태 안에서, 아니 창세전부터 우리를 택하고 예정하셨습니다(롬 8:29-33, 9:11; 엡 1:4-5, 3:11; 살전 1:4-5). 하지만 구원받지 못할 사람을 미리 정하셨다거나, 그러므로 그들에게 전도할 필요가 없다는 말은 성경에 없습니다. 믿지 않는 것은 당사자의 책임이지, 하나님이 믿지 않도록 정하셨기 때문이 아닙니다. 하나님은 모든 사람이 구원에 이르기를 원하시고, 예수님의 대속은 모든 사람을 위한 것이었습니다. 하나님은 믿지 않는 사람의 책임을 물으십니다(요 16:9; 롬 11:20; 살후 2:12). 그러니 될 수 있는 한 많은 사람에게 복음을 전해야 할 것입니다.

나는 이 진리를 깨달은 후 인생의 모든 것을 주님께 걸었습니다. 나를 위해 죽으신 예수님께 내 삶을 드리겠다고 결단했습니다. 나를 사랑하셔서 당신의 생명을 내어 주시고, 대신 영원한 생명을 주신 주님을 위해 무엇인들 못 하겠습니까? 그 후 하나님은 은혜로 내 삶을 인도해 주셨습니다. 순탄하거나 평안하기만 한 것은 아니었지만, 나는 가장 보람 있고 의미 있는 삶을 살았습니다. 하나님과 동행하며 그분의 도구로 쓰임 받는 것보다 더 큰 축복은 없었습니다.

예수님을 믿는 신앙 때문에 참수형을 당했지만, 사실상 참수형은 내가 자초한 것이나 다름없었습니다. 내가 예수님을 부인하고 복음을 전하지 않겠다고 했으면 피할 수도 있었을 것이기 때문입니다. 그러나 그럴 수 없었습니다. 예수님의 복음은 백 개의 목숨이 있어도 기꺼이 다 바칠 만큼 가치 있는 것이었습니다. 당신도 예수님의 은혜를 찬송하고 감사하며, 남은 평생 예수님과 동행하십시오. 주님을 위해 사십시오. 그러는 가운데 예수님 안에서 풍성한 삶을 누리고, 이웃에게도 축복의 통로가 되기를 축복합니다.

2

그리스도의
장성한 분량까지
자라 가십시오

옛 빌라델비아 지역에 세워진 성 요한 교회당의 남은 대형 기둥

빌라델비아교회는 주님으로부터 칭찬을 받았습니다. 하나님 성전에 기둥이 되게 하리라
는 약속도 받았습니다(계 3:7-13). 그때는 이렇게 큰 기둥 여섯 개로 세워진 건물을 가지
고 있지 못한 때였습니다. 그들이 작은 능력을 갖고도 주님의 말씀을 지켰고, 변화된 성
품과 행위를 나타냈기 때문입니다. 모든 성도와 교회는 그리스도의 장성한 분량까지 자
라야 할 것입니다.

| 엡 4:13, 15 |

우리가 다 하나님의 아들을 믿는 것과 아는 일에 하나가 되어 온전한 사람을 이루어 그리스도의 장성한 분량이 충만한 데까지 이르리니 … 오직 사랑 안에서 참된 것을 하여 범사에 그에게까지 자랄지라 그는 머리니 곧 그리스도라

앞에 적은 것과 같은 기도를 드리며 전에나 지금 예수님을 영접했다면, 당신의 삶에는 엄청난 변화가 일어났습니다. 비록 같은 집에 살고 같은 직장을 다니며 같은 옷을 입고 있다 할지라도, 당신은 이제 완전히 다른 사람이 되었습니다. 하나님을 '아빠, 아버지'라 부를 수 있는 새롭고 놀라운 관계를 갖게 되었고, 예수님을 통해 하나님의 자녀, 곧 양자(養子)로 입양되어 상속

자가 되었습니다(롬 8:15-17; 갈 4:4-6). 예수님의 손을 잡고 새로운 인생을 시작한 것입니다.

그리스도를 주(主)로 시인하여 구원을 받았으니 천국에 가게 되었다고 느긋한 마음을 갖는 그리스도인들이 있습니다. 이것은 예수님의 구원의 은혜와 목적을 모르는 것입니다. 거듭난 생명에게 영적 성장은 자연스럽고 필수적인 과정입니다. 단순히 교회 예배에 참석하면서 종교 생활만 하면 안 됩니다. 예수님은 종교를 원하지 않으시고 우리를 원하십니다. 예수님은 종교의 모습만 가진 사람들을 회칠한 무덤이라 책망하셨습니다(마 23:27). 예수님을 믿기 전처럼 세상에서의 성공을 인생의 목표로 삼는다면, 이는 구원의 은혜를 허망하게 만드는 것입니다.

구원은 천국 패스포트를 받는 신앙 여정의 끝이 아니라, 오히려 새로운 시작입니다. 우리는 예수님과 동행하며 남은 인생을 살아갈 소중한 축복과 책무를 부여받았습니다. 그러니 예전처럼 살아서는 안 됩니다. 예수님의 가치로 변해야 하며, 거룩한 삶을 살고 풍성한 열매를 맺어야 합니다. 예수님의 인격과 성품을 본받아 그리스

도의 장성한 분량에 이르기까지 자라 가야 합니다. 그래
야 신앙과 삶이 일치하고 통합될 것입니다.

변해야 합니다

예수님이 십자가의 고통을 겪으신 것은 우리가 더
이상 자신을 위해 살지 않고, 우리를 대신하여 죽었다가
다시 살아나신 예수님을 위해 살게 하시려는 데 있음을
인식해야 합니다(고후 5:14-15). 나의 경우 교회를 극심히
핍박하던 자였으나, 그런 나를 용서하고 사도로 불러 주
셨기에 예수님을 위해 사는 것이 당연하게 느껴졌습니
다. 때때로 구원받기 전의 자신을 돌아보는 것이 도움이
됩니다. 얼마나 큰 사랑과 용서를 받았는지 기억할 때
더욱 감사드리며 헌신을 다짐하게 되기 때문입니다.

그래서 편지를 쓰면서도 종종 성도들의 과거를 일
깨워 주었습니다. '너희는 죄와 허물로 죽었던 자였다,
공중의 권세 잡은 사탄을 따르던 자였다, 육체의 욕심과
마음이 원하는 대로 살던 자였다, 하나님도 소망도 없는

본질상 진노의 자녀였다'고 회상시켰습니다(엡 2:1-3). 그러나 '전에는 멀리 있던 너희가 그리스도의 피로 하나님과 가까워졌고, 새로운 신분으로 새로운 인생을 살게 되었다'고 강조했습니다(엡 2:1-13; 고전 12:2). 그러자 성도들이 변화된 모습을 보이기 시작했습니다. 그중에서도 에베소에서 예수님을 믿은 마술사들의 즉각적이고 담대한 변화가 놀라웠습니다. 그들은 수억 원어치의 마술책을 불에 태우면서 옛 생활과의 단절을 공개적으로 선언했습니다.

당신도 영적으로 동일한 상태에서 구원을 받았습니다. 이전 것은 지나가고 새것이 되었습니다. 인생에서 가장 큰 변곡점을 맞이한 만큼, 변화를 받아 새로운 삶을 살아야 합니다. 하나님께서 당신에게 주신 은혜는 물론, 당신의 새 삶 역시 헛되어서는 안 됩니다. 이제는 예수님이 최고의 가치가 되고, 그분을 위해 사는 것이 인생의 목표가 되어야 합니다. 이것은 직업을 바꾸라는 말이 아닙니다. 지금까지 직업과 전공과 재능과 경험을 자신을 위해 사용했다면, 이제는 그것으로 주님께 영광을 돌릴 길을 찾고 기도하길 권면합니다.

예수님을 믿은 후에도 여전히 어려움이 있을 수 있습니다. 나의 경우와 같이 더 고초를 겪을 수도 있습니다. 그럼에도 불구하고 주님을 생각하며 감사함으로 견디어 보십시오. 주님을 어떻게 기쁘시게 할지 고민하며 그분의 나라와 의를 구하는 삶을 사십시오.

그리스도인들은 죄로 혼탁한 세상에서 하나님의 형상을 드러내는 빛과 소금 그리고 촉매의 역할을 감당하도록 부름받은 자들입니다. 예수님의 형상을 본받는 것이 우리의 목표입니다(롬 8:29). 이를 위해 복음에 충실한 삶을 살아 내어 보여 주어야 합니다. 예수님이 직접 보여 주고 가르치신 겸손, 온유, 자비, 평화, 화해, 진실, 인내와 같은 성품을 본받고 실천하십시오. 나는 이것을 성령의 아홉 가지 열매로 표현했습니다. "오직 성령의 열매는 사랑과 희락과 화평과 오래 참음과 자비와 양선과 충성과 온유와 절제니 이 같은 것을 금지할 법이 없"습니다(갈 5:22-23). 인격과 성품이 변화된다면, 그 성숙함이 모든 사람에게 나타나게 될 것입니다(딤전 4:15). 우리는 하나님의 거룩하신 모습을 닮아 가며, 선하고 성숙한 삶으로 변화되어 가야 합니다.

인격과 성품뿐 아니라 라이프 스타일에도 변화가 있어야 합니다. 진리가 예수님 안에 있고 그분의 복음과 가르침을 받았다면 이전처럼 욕심과 방탕, 유혹과 구습을 따라 살아서는 안 됩니다. "심령이 새롭게 되어 하나님을 따라 의와 진리의 거룩함으로 지으심을 받은 새사람을 입"어야 합니다. 참된 것을 사랑으로 말하는 사람이 되어야 하며, 정직한 사람이 되어야 합니다. 정직은 빛이고, 감추거나 과장하는 부정직은 사탄의 속성입니다. 자신의 유익을 위해 편법을 쓰거나 남을 속여서는 안 됩니다. 대신 자기 손으로 수고하여 가난한 자를 돕는 선한 일을 하고, 오직 선한 말을 하여 많은 사람에게 덕을 끼치기 바랍니다(엡 4:19-29). 일하기를 싫어하여 남에게 폐를 끼치는 게으른 사람은 먹지도 말아야 하며, 교회도 이들을 상대해 주지 말아야 합니다(살전 4:11, 5:14; 살후 3:6-12).

예수님을 믿고 감사한다고 하면서도 습관적이거나 반복적으로, 또 의도적으로 하나님이 싫어하시는 일을 계속한다면 정말 믿음이 있고 구원을 받은 사람인지 의심해 보지 않을 수 없습니다. 주님은 열매로 나무를 안다고 말씀하셨습니다. 구원을 잃을까 걱정하는 것보다 더 중요한 것은 성도의 본분을 지키며 신실하게 살아가는 것입니다. 예수님을 믿고 변화된 삶을 사는 것이 기독교의 본질입니다. 진정한 변화를 이루기 위해서는 열망과 결단, 실천이 있어야 합니다.

자라 가야 합니다

구원받은 것을 '거듭났다', '다시 태어났다'는 말로도 표현합니다. 갓난아기가 젖을 먹고 자라야 하듯이, 우리는 "갓난아기들같이 순전하고 신령한 젖을 사모"해야 합니다. 이는 그로 말미암아 우리가 구원에 이르도록 자라기 위해서입니다(벧전 2:2). 나는 반복해서 성장을 주문했습니다.

우리가 다 하나님의 아들을 믿는 것과 아는 일에 하나가 되어 온전한 사람을 이루어 그리스도의 장성한 분량이 충만한 데까지 이르리니(엡 4:13).

오직 사랑 안에서 참된 것을 하여 범사에 그에게까지 자랄지라 그는 머리니 곧 그리스도라(엡 4:15).

그에게서 온몸이 각 마디를 통하여 도움을 받음으로 연결되고 결합되어 각 지체의 분량대로 역사하여 그 몸을 자라게 하며 사랑 안에서 스스로 세우느니라(엡 4:16).

하나님의 말씀이 신령한 젖이요, 양식입니다. 우리는 말씀을 먹어야 합니다. 성경을 읽고, 듣고, 공부하고, 배우고, 암송하고, 묵상하고, 실천함으로써 자라 가십시오. 말씀으로 무장될 것입니다. 무엇보다 예수님의 삶과 가르침과 성품을 본받기 위해 그리고 그리스도인의 성장과 하나님의 역사하시는 방법을 알기 위해 복음서를 자주 읽으며, 신구약 성경 전체를 가까이하십시오. 그리스도의 말씀이 당신 안에 풍성히 거하면, 모든 지식과 지혜에 있어 장성한 사람이 될 것입니다(고전 14:20; 골 3:16). 하나님의 음성을 듣고자 하는 간절한 마음으로 예배와 성경 공부에 적극적으로 참여하여 말씀을 듣고 배우십시오.

믿음에서도 자라 가야 합니다. 여기서 말하는 믿음은 구원을 받게 하는 믿음과는 다른, 하나님을 의지하고 신뢰하는 믿음입니다. 성경이 하나님의 말씀인 것을 믿고 그 약속을 의지하는 믿음입니다. 성도는 하나님의 살아 계심을 믿어야 합니다. 또한 하나님이 우리의 기도를 들으며 도와주시는 분임을 믿어야 합니다(히 11:6). 믿음에서 믿음으로 자라 가야 합니다. 데살로니가 성도들의 믿음의 소문이 각처에 퍼진 것을 듣고, 나는 그들의 믿음이 더욱 자라고 사랑이 더욱 풍성해지기를 권면했습니다(살전 1:7-8; 살후 1:3). 예수님도 큰 믿음을 가질 것을 당부하셨습니다(마 6:30, 8:26, 17:20; 요 20:27). 하나님의 약속과 성품을 묵상하면서 하나님을 향한 신뢰와 믿음과 소망 가운데 자라 가길 바랍니다.

인격과 성품에서도 자라 가야 합니다. 하나님을 사랑하고 이웃을 사랑하며, 특히 형제 사랑에 더욱 넘쳐 나십시오(살전 4:9-10). 하나님의 자녀들이 거룩함을 이루는 것이 하나님의 뜻이므로, 특히 음란과 색욕을 버리고 거룩함에서 성장하여 하나님을 기쁘시게 하길 당부합니다. 나는 교회 개척 당시는 물론 편지에서도 데살로니가 성도들에게 거룩과 형제 사랑에 대해 간곡히 권면했습니다(살전 4:2-10, 5:23). 사도 베드로 역시 구원받기 전과 이후의 삶에 변화가 있어야 한다고 강조했습니다.

너희가 순종하는 자식처럼 전에 알지 못할 때에 따르던 너희 사욕을 본받지 말고 오직 너희를 부르신 거룩한 이처럼 너희도 모든 행실에 거룩한 자가 되라(벧전 1:14-15).

그리스도인으로서 자라 가기 위해서는 참 포도나무이신 예수님께 붙어 있어야 합니다. 가지가 나무에 붙어 있지 않으면 자랄 수도, 열매를 맺을 수도 없습니다. 주님의 계명을 지키며 주님의 사랑 안에 거할 때 자라고 열매를 맺을 수 있습니다(요 15:1-10; 롬 7:4; 빌 1:11). 자라야 할 영역은 방대합니다. 핵심은, 예수님의 은총으로 새로운 삶을 살게 된 성도는 인생관과 행동에서 하나님의 가치와 기준에 따라 이전과는 달라져야 하며, 성숙과 성장을 향해 자라 가야 한다는 것입니다. 오래 신앙생활을 했다면 변화의 증거와 열매가 있어야 합니다. 온전함을 향하여 성장해 가십시오(고후 13:9).

내가 에베소교회, 빌립보교회, 골로새교회 성도들을 위해 기도했던 내용들을 보면 성도들이 어떤 영역에서 성장해 가길 바라는지 내 마음을 알 수 있을 것입니다. 이 기도들이 당신에게도 적용되어 위로부터 응답이 임하길 기원합니다.

우리 주 예수 그리스도의 하나님, 영광의 아버지께서 지혜와 계시의 영을 너희에게 주사 하나님을 알게 하시고 너희 마음의 눈을 밝히사 그의 부르심의 소망이 무엇이며 성도 안에서 그 기업의 영광의 풍성함이 무엇이며 그의 힘의 위력으로 역사하심을 따라 믿는 우리에게 베푸신 능력의 지극히 크심이 어떠한 것을 너희로 알게 하시기를 구하노라(엡 1:17-19).

그의 영광의 풍성함을 따라 그의 성령으로 말미암아 너희 속사람을 능력으로 강건하게 하시오며 믿음으로 말미암아 그리스도께서 너희 마음에 계시게 하시옵고 너희가 사랑 가운데서 뿌리가 박히고 터가 굳어져서 능히 모든 성도와 함께 지식에 넘치는 그리스도의 사랑을 알고 그 너비와 길이와 높이와 깊이가 어떠함을 깨달아 하나님의 모든 충만하신 것으로 너희에게 충만하게 하시기를 구하노라(엡 3:16-19).

내가 기도하노라 너희 사랑을 지식과 모든 총명으로 점점 더 풍성하게 하사 너희로 지극히 선한 것을 분별하며 또 진실하여 허물 없이 그리스도의 날까지 이르고 예수 그리스도로 말미암아 의의 열매가 가득하여 하나님의 영광과 찬송이 되기를 원하노라(빌 1:9-11).

이로써 우리도 듣던 날부터 너희를 위하여 기도하기를 그치지 아니하고 구하노니 너희로 하여금 모든 신령한 지혜와 총명에 하나님의 뜻을 아는 것으로 채우게 하시고 주께 합당하게 행하여 범사에 기쁘시게 하고 모든 선한 일에 열매를 맺게 하시며 하나님을 아는 것에 자라게 하시고 그의 영광의 힘을 따라 모든 능력으로 능하게 하시며 기쁨으로 모든 견딤과 오래 참음에 이르게 하시고 우리로 하여금 빛 가운데서 성도의 기업의 부분을 얻기에 합당하게 하신 아버지께 감사하게 하시기를 원하노라(골 1:9-12).

기도는 나의 중요한 사역이었습니다. 핍박으로 인해 다른 도시로 쫓겨 가야 했을 때도 두고 온 성도들을 하나님께 기도로 의탁할 수 있었습니다. 나는 그들이 그리스도 안에서 자라 가기를, 핍박을 이기고 믿음에 굳건히 서기를 그리고 그들에게 필요한 은혜와 물질, 성장과 깨달음이 임하기를 기도했습니다. 그래서 편지를 쓸 때마다 성도들에게 기도에 힘쓰라고 권면했고, 나도 본을 보이고자 했습니다.

모든 기도와 간구를 하되 항상 성령 안에서 기도하고 이를 위하여 깨어 구하기를 항상 힘쓰며 여러 성도를 위하여 구하라(엡 6:18).

아무것도 염려하지 말고 다만 모든 일에 기도와 간구로, 너희 구할 것을 감사함으로 하나님께 아뢰라(빌 4:6).

쉬지 말고 기도하며, 기도에 힘쓰라고 강조했습니다(살전 5:17; 골 4:2). 기도에 힘쓰신 예수님을 본받아야 합니다(막 1:35, 6:46; 눅 5:15-16, 6:12, 22:41, 44). 예루살렘교회 성도들은 사도의 가르침을 받아 서로 교제하고 떡을 떼며 오로지 기도하기를 힘썼고, 한자리에 모여 마음을 모아 간절히 기도하기도 했습니다(행 2:42, 4:24-31, 12:5).

하나님의 선하신 뜻이 하나님의 방법으로, 하나님의 때에 이루어지도록 열린 마음으로 기도해야 합니다. 주님의 생각은 우리의 생각과 다르고, 더 높기 때문입니다. 나는 로마 방문을 소원하며 오랫동안 기도했습니다. 하지만 하나님은 2년이나 구금되었다가 죄수의 신분으로 풍랑을 뚫고 호송되어 가택 연금되는 길을 통해 로마로 인도하셨습니다. 그러나 험하게 보였던 이 여정이 오히려 가장 안전하게 로마에 갈 수 있는 하나님의 따뜻한 배려였음을 나중에 깨닫게 되었습니다.

당신도 회개와 결단의 기도로 주님과 긴밀히 교제하며 영적으로 자라 가고, 사역의 열매를 맺길 바랍니다. 혼자 기도하기도 하고, 성도들과 마음을 모아 함께 중보 기도하기도 하십시오. 하나님의 자녀가 되어 갖게 된 축복은 언제 어디서나, 어떤 상황에서도 하나님의 존전에 나아가 친밀하게 말씀드릴 수 있다는 것입니다. 자신의 부족함을 돌아보며 회개하는 상한 심령으로 하나

님을 향한 갈망과 간구를 올리십시오. 하나님의 영광의
충만함을 보여 달라고 기도하십시오. 하나님은 전심으
로 자기에게 향하는 자들에게 능력과 은혜를 베푸십니
다. 하나님은 당신의 기도를 들으시고, 그 응답으로 역
사하십니다. 기도하는 사람에게 기름을 부으시고, 기도
로 준비된 사람을 사용하십니다.

3

그리스도의 복음에
합당하게
　　　생활하십시오

빌립보 유적지의 광장

철저히 로마식으로 건설되어 '작은 로마'로 불렸던 빌립보. 그 아름답고 웅장했던 건물들과 신전들은 모두 무너졌습니다. 그러나 바울이 이곳에서 한 이방 여인 루디아에게 복음을 전하여 작게 시작된 빌립보교회는 향후 2천 년 동안 세계 기독교와 선교의 중심이 된 유럽 교회의 시발점이 되었습니다. 하나님이 시작하신 일은 비록 작아 보일지라도, 결국 그분의 큰 뜻을 이룹니다.

| 빌 1:27-28 |

오직 너희는 그리스도의 복음에 합당하게 생활하라 이는 내가 너
희에게 가 보나 떠나 있으나 너희가 한마음으로 서서 한뜻으로
복음의 신앙을 위하여 협력하는 것과 무슨 일에든지 대적하는 자
들 때문에 두려워하지 아니하는 이 일을 듣고자 함이라 이것이
그들에게는 멸망의 증거요 너희에게는 구원의 증거니 이는 하나
님께로부터 난 것이라

당신은 예수님을 믿고 새롭게 태어났
습니다. 주님이 새사람으로 지어 주셨습니다. 예수님께
서 십자가의 고통을 견디며 당신을 구원하신 데에는 분
명한 목적이 있습니다. 옛 가치관과 습관을 버리고, 남
은 인생을 하나님의 자녀답게 멋있고 의미 있게 살게 하
시려는 것입니다. 땅에 살고 있지만 천국 시민이 되었으
니, 생각하고 추구하는 것이 예수님을 믿기 전과 달라져

야 마땅합니다. 빛의 자녀가 되었으니 빛의 자녀답게 행하십시오(엡 4:1, 5:8; 요 8:12). 예수님의 제자가 되었으니 그리스도의 복음에 합당하게 생활하십시오(빌 1:27). 흠이 없고 순전하여 세상에서 빛으로 나타나고, 생명의 말씀을 밝히 드러내기 바랍니다(빌 2:15). 데살로니가의 성도들에게도 같은 당부를 전했습니다(살전 2:12). 특히 개척 당시 그들에게 마땅히 어떻게 행해야 하는지 가르쳤고, 잘하고 있다는 소식을 듣고 칭찬하면서도 더욱 힘쓰라고 권면했습니다(살전 4:1; 살후 1:11, 3:4).

구원받은 후에는 어떻게 주님을 기쁘시게 할 것인가를 생각하고 실천해야 합니다. 어떻게 주님의 부르심에 합당하며, 주신 은혜에 보답하는 삶을 살아야 할지 고민하며 노력해야 합니다. 삶에서 변화가 나타나야 합니다. 예수님을 믿지 않을 때처럼 허망하게 살아서는 안 됩니다. 자신을 죄에 방임하지 말고, 더러운 욕심을 내지 말며, 옛 습관과 행태를 벗어 버리고 심령을 새롭게 하여 거룩함으로 새사람을 입어야 합니다(엡 4:17-24). 하나님의 자녀로서 어떻게 행할지 각별히 주의하며, 그분을 본받는 삶을 살아야 합니다(엡 5:1, 15).

나는 교회들에게 편지를 보내며 성도들의 삶이 어떻게 달라져야 하는지 구체적으로 적었습니다. 특히 로마서 12-16장, 에베소서 4-6장, 골로새서 3-4장에서 자세히 다루었습니다. 성경을 펴서 이 본문들을 읽으며 이 주제를 진지하게 생각해 보기 바랍니다. 이 세대를 본받지 않고 거룩과 경건과 사랑에서 자라 가는 것이 성화의 과정입니다. 의롭다 함을 받은 칭의와 삶의 성화는 별개의 개념이 아니라 자연스럽게 연속되어야 합니다. 죄를 이겨 내는 거룩한 선택으로 성화를 이루어 가야 합니다. 결코 구원을 가볍게 여기지 말고, 두렵고 떨림으로 은혜로 얻은 구원을 이루어 가십시오(빌 2:12-13). "이같이 큰 구원을 등한히 여기면" 절대로 안 됩니다(히 2:3).

행함은 중요합니다

그리스도인들에게 행함은 매우 중요합니다. 행위로 구원을 얻을 수는 없지만, 믿음으로 구원받은 후에는 행함이 필요하고 또 중요합니다. 행위가 아니라 믿음으

로 구원을 얻는다는 나의 가르침이 마치 구원받은 후에
는 행함이 중요하지 않은 것처럼 과도하게 오해된 것은
참으로 안타까운 일입니다. 이신칭의(以信稱義)를 강조하
는 개신교에서 더 크게 오해했습니다. 나는 믿음으로 구
원받은 성도들에게 구원 이후에는 반드시 행함이 따라
야 한다고 강조했습니다. "너희가 부르심을 받은 일에
합당하게 행하"라, "그리스도께서 너희를 사랑하신 것같
이 너희도 사랑 가운데서 행하라", "너희는 내게 배우고
받고 듣고 본 바를 행하라", "너희가 어떻게 행할지를 자
세히 주의하"라, "너희가 그리스도 예수를 주로 받았으
니 그 안에서 행하"라고 권면했습니다(엡 4:1, 5:2; 빌 4:9;
엡 5:15; 골 2:6). 은혜로 값없이 구원을 얻었다 해서 그 후
무책임하게 살아도 된다고 허용하는 것은 절대 아닙니
다(마 5:17; 롬 3:31).

　　예수님께서 십자가에서 죽으신 목적도 두 가지로
분명히 설명했습니다. (1) "그가 우리를 대신하여 자신을
주심은 모든 불법에서 우리를 속량하시고", (2) "우리를
깨끗하게 하사 선한 일을 열심히 하는 자기 백성이 되게
하려 하심"입니다(딛 2:14). 보혈로 우리를 깨끗하게 하신

후 우리가 선한 일을 열심히 하는 천국 백성이 되게 하려고 십자가를 지셨다는 말씀입니다. 우리를 부활에 동참하게 하신 목적도 "우리로 또한 새 생명 가운데서 행하게 하려 함"입니다(롬 6:4). 당신이 예수님을 통해 불법에서 속량받고 깨끗하게 되었다면, 이제 힘써야 할 영역의 하나는 선한 일을 열심히 하는 것입니다.

먼저 한 가지 분명히 해야 할 것이 있습니다. 믿음에는 두 가지가 있습니다. 첫째는 구원을 얻기 위한 믿음으로, 예수님의 신성과 그분의 십자가와 부활을 믿는 믿음입니다. 둘째는 하나님을 의지하는 믿음으로(히 11:6), '하나님은 살아 계신다, 하나님은 나의 기도를 들으신다, 하나님은 나를 도와주신다, 하나님은 나의 길을 인도하신다' 등과 같은 믿음입니다. 이 믿음을 가진 사람은 환난 중에도 영원을 소망하며, 보이지 않아도 믿음으로 행합니다.

구원받은 후에는 첫 번째 믿음을 계속 유지하면서, 두 번째 믿음을 점점 키워 가야 합니다. 그러다 보니 '믿음'을 우선시하게 되었습니다. 특히 이신칭의 교리로 세워진 개신교에서는 '행위가 아닌 믿음'을 강조하다 보니,

구원 후에 마땅히 있어야 할 행함의 중요성을 거의 부각시키지 못했습니다.

믿음과 행함의 관계를 정확히 이해하고 균형을 이루는 것은 쉽지 않습니다. 초대 교회에도 이런 혼선이 있었습니다. 성도들이 행함을 대수롭지 않게 여기는 현상을 보고 사도 야고보는 '행함이 없는 믿음은 죽은 것'이라고 반복해서 강조했습니다(약 2:14, 17, 20). 그런 야고보가 나와 다르게 가르친다고 인식하는 학자가 많았습니다. 마르틴 루터가 대표적이었으나, 실제로는 야고보와 내가 달리 가르친 것이 아닙니다. 우리 둘 다 믿음과 행함이 모두 필요하다는 입장입니다. 편지의 수신자와 기록 목적에 따라 야고보와 내가 강조점을 달리하여 부각시켰을 뿐, 서로 배치되는 내용이 아닙니다.

야고보는 이미 믿음으로 구원을 받은 사람들에게 편지를 썼습니다. 이 짧은 편지에서 "(내 사랑하는) 형제들아"라고 열다섯 번이나 부르고 있습니다. 그는 믿음을 가졌다고 하면서 행함을 등한히 하는 성도들을 향하여 균형을 잡게 하려고 행함을 특별히 강조한 것입니다. 즉, 야고보가 행함으로 구원을 받으라고 말한 것이 아니라는 점을 분명히 이해해야 합니다. 반면, 나는 이방인들이 믿음으로 구원받는 것이 충분하고 정당한 것이기에 율법의 행위를 지킬 필요가 없음을 논증하는 과정에서 믿음을 강조한 것입니다. 이미 앞에서 설명했듯이, 내가 선한 행위를 반대한 것이 아니라는 점도 분명히 유념해야 합니다. 아브라함을 예로 들어 한 번 더 설명하겠습니다.

우리 조상 아브라함이 그 아들 이삭을 제단에 바칠 때에 행함으로 의롭다 하심을 받은 것이 아니냐 네가 보거니와 믿음이 그의 행함과 함께 일하고 행함으로 믿음이 온전하게 되었느니라(약 2:21-22).

아브라함에게 믿음이 먼저 있었다는 점에 대해 야고보도 나도 모두 동의합니다. 야고보는 아브라함이 믿은 후에 행위도 따랐음을 예로 들어 설명했습니다. 이는 믿음이 있다면서 행함을 등한히 하는 성도들을 바로잡기 위함이었습니다. 반면 나는 로마서에서 아브라함이 율법과 할례가 없었을 때 오직 믿음으로 의롭다 함을 받왔다는 점을 부각시켰습니다. 이는 이방인 성도들도 율법을 지키고 할례를 행해야 온전히 구원받는다는 유대주의자들의 잘못된 가르침을 반박하고, 믿음으로 구원받은 이방 성도들의 구원이 충분하고 합법적임을 강조하려는 의도였습니다. 야고보와 내가 각각 믿음과 행함을 별도로 강조한 이유와 배경을 이해하기 바랍니다.

나는 로마서에서 많은 지면을 할애하여 그리스도인의 생활에 대해 강조했습니다(롬 12:3-21, 13:8-14:7). 또한 에베소서 4-6장, 골로새서 3장, 빌립보서 2장 1-18절에서도 구체적인 항목을 들어 그리스도인으로서 어떻게 살아야 하는지를 상세히 기록했습니다. 내 권면보다 더 중요한 것은 예수님이 주신 행동 지침입니다(눅 6:27-38). 여기서 잠시 멈추고 그 말씀을 열어 차분히 읽고 묵상해 보기 바랍니다. 하나씩 자신에게 대입해 점검해 보기 바랍니다. 예수님은 "나더러 주여 주여 하는 자마다 다 천국에 들어갈 것이 아니요 다만 하늘에 계신 내 아버지의 뜻대로 행하는 자라야 들어가리라", "누구든지 하나님의 뜻대로 행하는 자가 내 형제요 자매요 어머니이니라"라고 말씀하셨습니다(마 7:21; 막 3:35).

예수님을 고백하는 것은 귀하지만, 그것만으로는 충분하지 않습니다. 시작에 불과합니다. 신앙고백과 함께 말씀을 읽고, 듣고, 공부하고, 암기하고, 묵상하며, 깨달은 것을 실천해야 합니다. 그래서 빌립보 성도들에게 "내게 배우고 받고 듣고 본 바를 행하라"고 권면했습니다. 말씀을 듣기만 하고 행하지 않으면 자신을 속이는 자가 됩니다(빌 4:9; 약 1:22).

누구보다도 예수님이 행함의 중요성을 강조하셨습니다. 산상수훈을 마무리하면서 "누구든지 나의 이 말을 듣고 행하는 자는 그 집을 반석 위에 지은 지혜로운 사람 같으리니 … 나의 이 말을 듣고 행하지 아니하는 자는 그 집을 모래 위에 지은 어리석은 사람 같으리니"라고 말씀하셨습니다(마 7:24, 26). 같은 말씀을 들었어도 그들의 삶이 반석 위에 집을 지은 것처럼 견고한지, 모래 위에 지어진 집처럼 무너지는지는 들은 교훈대로 행했는가에 달려 있다는 의미입니다.

당신이 예수님을 믿어 구원의 확신을 가진 성도라면, 거듭나게 한 그 믿음은 계속 유지하고, 하나님을 의지하는 믿음은 더욱 키워 가야 합니다. 동시에, 구원받은 후에는 행함이 매우 중요하다는 사실을 철저히 인식하고 삶에서 빛과 소금으로, 그리스도의 향기와 편지로 살아가기 위해 최선을 다해야 합니다. 부디 신행일치(信行一致)의 삶을 사십시오. 믿음과 행함은 모두 동일하게 중요합니다. 성경은 두 가지를 모두 강조하는데, 우리는 균형을 잡지 못하고 양자택일하면서 중요한 하나를 놓치는 실수를 범할 때가 많습니다. 지금까지 행함에 소홀했다면, 이제 복음에 합당하게 생활하도록 힘쓰길 당부합니다.

인생관이 변화되어야 합니다

삶이 달라지려면 먼저 가치관과 인생관이 바뀌어야 합니다. 예수님께서 내게 나타나셔서 용서하고 사명을 주신 후, 제일 먼저 나의 인생관에 변화가 생겼습니다. 주님을 위해 살아야 한다는 사명이 마음 깊이 다가왔습니다. 마땅히 내가 달려야 할 십자가에 예수님이 대신 못 박히셨으니, 나도 예수님과 함께 죽은 것이라 생각했습니다. 예수님 덕분에 영생을 얻고 살아가게 되었으니, 이제는 내가 사는 것이 아니라 예수님이 내 안에 사시는 것입니다. 그러므로 내가 육체를 입고 살아가는 이유는, 예수님을 믿는 믿음 안에서 그분을 위해 살아야 하는 것임이 자명해졌습니다(갈 2:20). 삶이 끝나 갈 무렵 내 삶을 돌아보았을 때, 주님을 위해 세상의 모든 것을 배설물로 여기며 살아온 것이 감사했습니다. 그리스도 예수님을 아는 지식이 가장 고상함을 깨달았기 때문입니다(빌 3:8-9).

같은 맥락에서, 예수님이 당신을 대신하여 죽으셨으므로 당신도 이미 죽은 것이며, 그분이 당신을 대신하여 죽으신 것은 다시 살아난 당신이 더 이상 자신을 위해 살지 않고, 오직 당신을 위해 죽었다가 다시 살아나신 예수님을 위해 살게 하려는 것입니다(고후 5:14-15). 이것이 주님을 위해 살고, 그분이 원하시는 일을 해야 하는 이유입니다.

부활하신 예수님을 처음 만났을 때, 나는 "주님, 제가 당신을 위해 무엇을 하길 원하십니까?" 하고 여쭈었습니다(행 22:10). 아나니아를 통해 들은 대답은 예수님의 이름과 복음을 이방인과 유대인에게 전하라는 것이었습니다. 나는 하늘에서 보이신 것을 거스르지 않고 이 과업에 최선을 다했습니다. 주님의 구원의 은혜에 감사한다면 당신도 주님을 위해 살고자 하는 열망이 있을 것입니다. 스스로 할 일을 정하기보다, 주님은 당신이 무엇을 하기를 원하시는지 먼저 여쭈며 그 선택권을 주님께 드리길 권합니다. 당신에게 맞춤형 과업을 주실 것입니다. 당신을 사역자로 부르실 수도 있고, 지금 하고 있는 일을 계속하라고 하실 수도 있습니다. 주님은 다양한 분야에서 그리스도의 향기를 드러낼 사람들을 찾고 계시기 때문입니다.

다만 그 일을 하는 목적이, 더 이상 당신 자신을 위해 살지 않고, 당신을 위해 죽었다가 다시 사신 예수님을 위한 것이길 바랍니다. 다시 살리심을 받았으니 이제는 땅의 것을 생각하지 않고 위의 것을 찾아야 합니다 (골 3:1). 스스로 생각할 때 마른 막대기 같아서 아무 일도 못 할 것 같다는 위축감이 들 수도 있습니다. 그러나 마른 막대기라도 모세의 손에 들리면 홍해를 가릅니다. 당신이 할 수 있는 일이 없다고 느껴질지라도, 하나님이 당신을 그 손에 잡으시면 홍해를 가르는 것과 같은 귀한 일들을 이루실 것입니다. 악기가 내는 소리는 그 악기의 가격이 아니라 누가 연주하느냐에 달려 있습니다. 당신을 하나님께 맡기면, 하나님께서 당신을 통해 놀라운 일들을 이루실 것입니다. 당신은 하나님과 함께 일하며 그분의 역사를 경험하는 축복을 누리게 될 것입니다.

서로 사랑하십시오

우리는 하나님의 큰 사랑을 받았습니다. 이 사랑에 대한 반응과 보답은 되돌려 하나님을 사랑하는 것이며, 하나님이 사랑하시는 다른 영혼들을 사랑하는 것입니다. 한 율법사가 율법 중에서 어느 계명이 가장 크냐고 여쭈었을 때, 예수님은 전심으로 하나님을 사랑하는 것이라고 답변해 주셨습니다. 그러고는 이웃 사랑 역시 동일하게 중요한 계명임을 추가하여 답변하셨습니다. 하나님을 사랑하고 이웃을 사랑하라는 이 두 계명이 구약 전체의 핵심이라고 요약해 주셨습니다(마 22:36-40; 신 6:5;

레 19:18). 예수님은 이웃 사랑, 형제 사랑의 중요성을 하나님 사랑에 버금가게 강조하셨습니다.

십자가를 지기 몇 시간 전, 예수님은 제자들에게 새 계명을 주겠다면서 서로 사랑하라고 하셨습니다.

> 새 계명을 너희에게 주노니 서로 사랑하라 내가 너희를 사랑한 것같이 너희도 서로 사랑하라 너희가 서로 사랑하면 이로써 모든 사람이 너희가 내 제자인 줄 알리라 (요 13:34-35).

이때는 하나님을 사랑하라는 말씀보다, 가까운 이웃인 동역자들끼리 서로 사랑하라고 명하셨습니다. 이어서 "내 계명은 곧 내가 너희를 사랑한 것같이 너희도 서로 사랑하라 하는 이것이니라"고 다시 한번 강조하셨습니다(요 15:12, 15). 서로 사랑하는 것이 예수님의 제자임을 세상에 보일 수 있는 가장 확실한 표식이라고 말씀하신 것입니다. 세상 사람들은 성도들이 서로 사랑하는 모습을 볼 때 우리가 예수님의 제자인 줄 알게 된다고 하셨습니다. 이 말씀은 선택의 여지가 있는 옵션이나 제안이나 당부, 혹은 교훈이 아니라 반드시 지켜야 할 명령입니다.

나는 예수님의 가르침을 직접 받지는 못했지만, 주님의 제자가 된 후 그분의 마음을 알 수 있었습니다. 그래서 "사랑은 율법의 완성"이요, "남을 사랑하는 자는 율법을 다 이루었느니라"라고 적었습니다(롬 13:8-10). 교회를 개척할 때는 물론, 편지에서도 빠짐없이 사랑을 실천해야 한다고 강조했습니다. 고린도전서 13장에서는 성도들을 포함한 모든 사람 사이에서 사랑의 중요성과 필요성을 강조했습니다. 사랑은 어떤 은사나 선행보다도 앞섭니다. 사랑은 인내와 온유, 신뢰와 섬김, 관용과 기다림으로 나타나며, 시기하지 않고 자랑하지 않으며, 교만하거나 무례하지 않고, 성내거나 악한 것을 생각하지 않습니다. 자기중심적이지 않으며, 원망하거나 비난하거나 경쟁하지 않습니다. 믿음, 소망, 사랑 중에 제일은 사랑입니다(고전 13:1-13, 8:1, 16:14).

갈라디아 교회들에게는 오직 사랑으로 서로 종노릇하라고 권면했고, 성령의 아홉 가지 열매 중에서도 사랑을 가장 먼저 언급했습니다(갈 5:13-14, 22). 골로새교회에도 사랑은 긍휼, 자비, 겸손, 인내, 용납, 용서로 표현되는데, 이 모든 덕목을 온전하게 매는 연결 고리이자 성도의 연합을 이루게 하는 요소가 바로 사랑임을 강조했습니다(골 3:11-14). 데살로니가교회 성도들은 더 당부할 필요가 없을 만큼 이미 형제 사랑을 잘하고 있었기에, 더욱 그렇게 하라고 권면하는 것으로 충분했습니다(살전 3:12, 4:9-10).

　　빌립보교회에도 "마음을 같이하여 같은 사랑을 가지고 뜻을 합하며 한마음을 품어 아무 일에든지 다툼이나 허영으로 하지 말고 오직 겸손한 마음으로 각각 자기보다 남을 낫게 여기고 각각 자기 일을 돌볼뿐더러 또한 각각 다른 사람들의 일을 돌보아 나의 기쁨을 충만하게 하라"고 말하며 삶과 교회 생활에서 사랑을 실천하라고 권면했습니다(빌 2:2-4). 에베소교회에도 마찬가지로 교훈했습니다. "너희가 부르심을 받은 일에 합당하게 행하여 모든 겸손과 온유로 하고 오래 참음으로 사랑 가운데서 서로 용납하고 평안의 매는 줄로 성령이 하나 되게 하신 것을 힘써 지키라 … 그리스도께서 너희를 사랑하신 것같이 너희도 사랑 가운데서 행하라"고 권면했습니다

(엡 4:1-3, 5:2).

　　로마교회에도 사랑을 실천하라고 당부했습니다. 그러면서 "형제를 사랑하여 서로 우애하고 존경하기를 서로 먼저 하며 부지런하여 게으르지 말고 열심을 품고 주를 섬기라 소망 중에 즐거워하며 환난 중에 참으며 기도에 항상 힘쓰며 성도들의 쓸 것을 공급하며 손 대접하기를 힘쓰라 너희를 박해하는 자를 축복하라 축복하고 저주하지 말라 즐거워하는 자들과 함께 즐거워하고 우는 자들과 함께 울라 서로 마음을 같이하며 높은 데 마음을 두지 말고 도리어 낮은 데 처하며 스스로 지혜 있는 체하지 말라 아무에게도 악을 악으로 갚지 말고 모든 사람 앞에서 선한 일을 도모하라 할 수 있거든 너희로서는 모든 사람과 더불어 화목하라"(롬 12:10-18, 13:8, 14:15, 19)고 권면했습니다.

　　내가 모든 교회에 예외 없이 주님 사랑은 물론 성도들 간의 사랑을 강조한 것을 유념하십시오. 남을 사랑하는 것이 주님의 가르침의 완성입니다(롬 13:8, 10).

　　하나님을 사랑하는 것은 하나님께 감사하고, 그분을 경외하고, 신뢰하고, 의지하고, 충성하고, 그분과 동행하며, 그분의 말씀을 지키는 것으로 나타납니다. 이는 하나님의 은혜를 입은 백성으로서 마땅한 일입니다. 또한 성도와 이웃을 사랑하는 것은 관심과 실질적 도움, 경청, 용납, 용서, 관용, 인내, 양보 그리고 함께 시간을 보내는 것으로 드러납니다. 사랑은 서로의 짐을 나누어 지는 것이며, 함께 웃고 함께 우는 것입니다. 또 관심을 가지고 남의 일을 돌아보는 것입니다(롬 15:1-2, 5-6; 엡 4:32-5:2; 골 3:12-14).

요즘 소설이나 노래, 영화, 드라마에서 사랑을 정말 많이 이야기합니다. 하지만 홍수로 물이 넘칠 때 정작 마실 물을 구하기가 쉽지 않은 것처럼, 사랑이라는 말이 넘쳐나지만 진정한 사랑을 보기가 쉽지 않습니다. 교회에서도 사랑은 흔하고 평범한 단어가 되어 잘 행해지지 않습니다. 교회에서 성경이 말하는 사랑의 진정한 정의와 규범, 소망을 실천하여 교회와 세상을 따뜻하게 하길 바랍니다. 성경의 사랑은 추상 명사가 아니라 동사입니다. 지속적으로 동사가 될 때 더욱 힘을 발하게 됩니다. 당신도 예수님을 본받아 이웃에게 사랑을 실천하기 바랍니다. 사랑이 가장 자연스럽고 실제적으로 실천될 수 있는 삶의 현장은 바로 가정입니다. 부부가 서로를 사랑하고, 그 사랑으로 자녀를 돌보며 양육할 때 우리는 하나님의 사랑과 천국을 경험할 수 있습니다. 인내와 용서, 관용과 돌봄 그리고 희생을 보여 주고 가르칠 수 있는 최적의 장소도 바로 가정입니다.

아버지가 자녀를 사랑한다는 가장 좋은 표현은 그들의 어머니, 곧 아내를 사랑하는 것입니다. 어머니 또한 마찬가지입니다. 그리하여 안정되고 평안한 가정에서 행복하게 살 수 있게 하는 것이야말로 자녀에게 줄 수 있는 가장 기본적이고 실제적인 사랑의 표현입니다.

부모는 피차 복종함으로 서로 존경하고 사랑하십시오. 자녀를 노엽게 하지 말고, 주님의 훈계로 사랑 가운데 양육하십시오. 자녀는 나이를 불문하고 부모를 공경하며, 형제자매는 서로 우애를 돈독히 하십시오(엡 5:22-6:4; 골 3:18-21).

서로 연합하십시오

예수님의 제자가 된 우리가 주님의 부르심에 합당하게 행한다는 것은 곧 겸손과 온유, 인내와 용납 그리고 연합의 삶을 사는 것입니다. 성도의 사랑의 결과 중 하나가 연합입니다. 지역 교회가 분열되는 것은 안타깝지만, 때로 그런 현상이 일시적으로 나타날 수 있습니다. 그래서 나는 기회가 있을 때마다 연합하라고 권면했습니다.

고린도교회가 선호하는 지도자에 따라 분열되었다는 소식을 듣고 "너희 가운데 분쟁이 없이 같은 마음과 같은 뜻으로 온전히 합하라"고 명령했고, 고린도전서에서는 교회 안에 분파와 분쟁이 있을 수 없음을 세 번이나 강조했습니다(고전 1:10-17, 3:3-9, 11:18-19). 고린도후서를 마치면서도 마음을 같이하라고 당부했습니다(고후 13:11).

빌립보교회에도 복음에 합당하게 생활하라고 권면하면서 "한마음으로 서서 한뜻으로 복음의 신앙을 위하여 협력"하라고 구체적으로 짚어 주었습니다(빌 1:27). 이

어서 "마음을 같이하여 같은 사랑을 가지고 뜻을 합하며 한마음을 품"으라고 당부했습니다(빌 2:2). 같은 말을 네 가지로 표현한 것은 연합이 그만큼 중요하기 때문입니다. 유오디아와 순두게 자매에게도 같은 마음을 품으라 했고, 골로새교회에도 사랑 안에서 연합하라고 강조했습니다(빌 4:2; 골 2:2).

에베소교회에도 "너희가 부르심을 받은 일에 합당하게 행하여 모든 겸손과 온유로 하고 오래 참음으로 사랑 가운데서 서로 용납하고 평안의 매는 줄로 성령이 하나 되게 하신 것을 힘써 지키라"고 당부했습니다. 이는 몸이 하나요, 성령도 한 분이시며, 주도 한 분이시요, 믿음도 하나요, 세례도 하나요, 하나님도 한 분이시고, 또 성도들이 한 소망 안에서 부르심을 받았기 때문입니다(엡 4:1-6). 우리는 한 몸 안의 여러 지체처럼 서로 연결되어 있습니다. 각자가 독립적으로 존재하는 것이 아니라 상호 의존적이기에, 누구도 몸에 붙어 있지 않다고 생각하거나 남을 쓸데없다고 무시해서는 안 됩니다. 공동체 안에서는 분쟁이 없이 서로 돌보아야 합니다(고전 12:12-27).

로마서의 핵심 주제 중 하나도 연합입니다. 내가 로

마서 12-16장에서 강조한 것은 유대인과 이방인 성도들이 사랑으로 서로 연합하라는 메시지입니다. 그 연합을 이루기 위해 로마서 1-11장에서 유대인과 이방인이 그리스도 안에서 서로 동등하다는 것을 논증했습니다. 차별 없이 동등함을 인정하는 것이 진정한 연합의 전제 조건이기 때문입니다.

성도의 연합이 얼마나 중요한지는 예수님이 십자가를 앞두고 교회를 위해 드리신 기도에 가장 잘 나타나 있습니다. 예수님은 먼저 사도들을 위해 "우리와 같이 그들도 하나가 되게 하옵소서"라고 기도하셨습니다 (요 17:11). 이어서 사도들의 전도로 주님을 믿게 될 후대의 성도들을 위해서도 "그들도 다 하나가 되어 우리 안에 있게 하사 세상으로 아버지께서 나를 보내신 것을 믿게 하옵소서"라고 기도하셨습니다. 이 한 가지 제목으로 세 번이나 반복해 기도하셨습니다(요 17:21, 22, 23). 십자가를 앞둔 긴박한 상황에서 사도들과 성도의 연합만을 위해 기도하셨다는 것은 매우 큰 의미를 지닙니다. 주님께서 간절하게 올려 드린 연합을 위한 기도를 절대로 간과해서는 안 됩니다. 교회와 성도는 하나 되기를 힘써야 합니다. 성도가 교회 안에서 하나가 되면 세상이 예수님을 믿게 된다고 하셨습니다. 그리스도 안에서는 유대인과 이방인도 하나가 될 수 있습니다. 이것이 예수님께서 십자가를 지신 이유 중 하나이기도 합니다(엡 2:14-19).

연합(unity)은 조직적으로 한 단체(union)가 되라는 것도 아니요, 모두가 같은 생각을 가져야 한다는 획일성 (uniformity)을 의미하는 것도 아닙니다. 연합을 억지로 이루려 하면 오히려 문제가 생길 수 있습니다. 연합은 마음과 뜻과 생각이 하나가 되는 것(unanimity)입니다. 서로 따로 모이고, 생각이나 교리가 조금씩 다르더라도 같은 복음으로 서로를 귀히 여기며 사랑과 교제를 나누는 것을 말합니다. 물론 크고 중요한 본질적인 이슈, 곧 성삼위 하나님의 존재와 신성, 하나님의 말씀으로서의 성경의 권위, 예수님의 신성과 인성, 십자가의 대속과 육체적 부활, 승천과 재림, 성령의 역사와 은사, 믿음으로 얻는 구원, 성례와 예배 등에는 서로 동의해야 합니다.

그러나 보다 작은 분야에서는 견해가 다르다 할지라도 그 다름을 용납해 주어야 합니다. 예를 들어, 침례와 약식 세례, 유아 세례, 여성 리더십, 은사, 사회 참여,

정치 참여, 또는 다른 해석이 가능한 신학적 학설 등입니다. 연합은 다름을 전제합니다. 본질적인 이슈에 대해 같은 생각을 가지고 있다면, 작은 이슈에 대해서는 의견이 다르다 할지라도 서로 배려하고 양보하며 다름을 인정하고 연합할 수 있어야 합니다. 문제와 불일치를 부각시키기보다 성경의 풍부함과 진리를 바라보아야 합니다. 큰 틀에서 좋은 관계를 유지하며 하나님의 일에 동역하는 것이 연합입니다. 그러나 연합은 저절로 이루어지는 것이 아니므로, 이를 위한 노력과 순종이 필요합니다.

서로 용서하십시오

인생을 살면서 용서만큼 필요한 덕목도 없고, 동시에 어려운 일도 없을 것입니다. 불완전한 사람들이 가까이 지내다 보면 서로 부딪히고 상처를 주고받는 일이 많습니다. 부모, 가족, 친구, 동료, 성도, 심지어 목회자에게도 깊은 상처를 받을 수 있습니다. 마음의 상처와 쓴 뿌리는 빠르고 깊고 넓게 퍼져 나가며, 자기 입장에서 해석하다 보면 처음에 받은 상처가 점점 더 커지기도 합니다. 이런 상처는 서로의 관계뿐 아니라 자신에게도 치명적입니다. 때로는 상대를 무시하거나 외면하고, 마음으로 수없이 미워하고 죽이는 지경까지 이르기도 합니다.

상처를 준 사람이 먼저 용서를 구해야 하지만 그러지 못한 경우가 훨씬 많습니다. 상처를 준 줄 모르거나, 알면서도 대수롭지 않게 여기기 일쑤입니다. 용서를 빌기는커녕 오히려 자신이 사과를 받아야 한다고 생각하기도 합니다. 그러다 보면 상처받은 사람은 사과를 기다리다가 더 오해하고 미워하고 지치게 됩니다. 성도는 이런 악순환에서 벗어나야 합니다. 그래서 나는 상처받은 사람이 먼저 용서해야 한다고 가르쳤습니다.

서로 친절하게 하며 불쌍히 여기며 서로 용서하기를 하나님이 그리스도 안에서 너희를 용서하심과 같이 하라 (엡 4:32).

누가 누구에게 불만이 있거든 서로 용납하여 피차 용서하되 주께서 너희를 용서하신 것같이 너희도 그리하고

(골 3:13).

주께서 우리를 용서하신 것이 우리가 남을 용서해야 하는 기준이 됩니다. 우리는 남이 우리에게 지은 죄보다 훨씬 큰 죄를 하나님께 지었고, 용서를 빌지 않았음에도 불구하고 예수님은 십자가의 대속의 은혜로 우리를 용서해 주셨습니다. 더 나아가 적극적으로 축복하여 하나님의 자녀로 삼아 주셨으며, 영생의 선물까지 주셨습니다. 예수님은 "너희 아버지의 자비로우심같이 너희도 자비로운 자가 되라"고 하셨습니다(눅 6:36). 또한 일곱 번씩 일흔 번까지라도 용서하라고 하셨습니다(마 18:21-22).

주기도문에는 "우리에게 죄지은 자를 사하여 준 것같이 우리 죄를 사하여 주시옵고"라는 내용이 있습니다. 예수님을 믿은 후에도 늘 실수하고 죄를 짓는 우리는 주님께 용서를 빌어야 합니다(요일 1:8-9). 그런데 그 내용을 보면, 우리에게 죄지은 사람을 먼저 용서한 후에 주님께 용서를 구하는 순서임을 유념해야 합니다. 또 주목해야 할 것은, 주기도문의 여러 기도 제목 중에서 유일하게 용서에 대해서만 주님께서 추가로 설명을 해 주셨다는 점입니다. 다른 사람의 잘못을 용서하면 하나님도 우리를 용서해 주시고, 그렇지 않으면 하나님도 용서해 주시지 않을 것이라고 덧붙여 말씀하셨습니다(마 6:12, 14-15).

그 후에도 마음으로부터 진심으로 형제를 용서하지 않으면 하나님도 우리를 용서하지 않을 것이라고 다시 한번 강조하셨습니다(마 18:35; 막 11:25). 상처를 입었다고 생각하며 쓴 뿌리를 가진 사람이 잘잘못을 따지기에 앞서, 먼저 상처를 준 사람을 용서해야 한다는 말씀입니다. 상처를 준 사람은 자신이 준 아픔이 상대방의 마음을 얼마나 힘들게 하는지 그 심각성을 모를 수도 있고, 알면서 뻔뻔할 수도 있습니다. 그럼에도 불구하고 성경은 그런 상황과 관계없이 당신이 주님 앞에서 먼저 해야 할 일은 용서라고 명확히 말씀합니다.

용서하지 못할 때 우리는 상대를 미워하고, 직접 원한을 갚으려고도 합니다. 그러나 상대방이 한 잘못의 대가는 "원수 갚는 것이 내게 있으니 내가 갚으리라" 하신 하나님의 공의에 맡겨야 합니다. 대신 용서하고 마음의 평강을 누리십시오(롬 12:19; 신 32:35). 더 나아가 하나님께서 우리에게 해를 끼친 사람에게 진노하지 않고 용서해 주시길 기도하십시오. 용서를 넘어 원수까지 사랑하라는 예수님의 말씀을 실천해 보십시오. 쉽지 않고 억울하게 느껴질 수 있습니다. 용서해 주라고 조언하는 사람이 야속하기도 할 것입니다. 그럼에도 불구하고 용서함으로써 "아무에게도 악을 악으로 갚지 말고 모든 사람 앞에서 선한 일을 도모하"기 바랍니다(롬 12:17; 눅 6:36).

선행을 베푸십시오

누구보다도 선행을 강조하신 분은 예수님이었습니다. "이같이 너희 빛이 사람 앞에 비치게 하여 그들로 너희 착한 행실을 보고 하늘에 계신 너희 아버지께 영광을 돌리게 하라" 하셨습니다(마 5:16). 불신자들이 성도들의 착한 행실을 보기만 해도 하나님께 영광을 돌리게 된다는 말씀입니다. 예수님은 하나님의 뜻대로 행하는 자라야 천국에 들어간다면서 선행의 중요성을 강조하셨습니다(마 7:21). 베드로도 주님의 말씀을 새겨들었기에 "너희가 이방인 중에서 행실을 선하게 가져 너희를 악행한다고 비방하는 자들로 하여금 너희 선한 일을 보고 오시는 날에 하나님께 영광을 돌리게 하려 함이라" 하며 비슷하게 말했습니다(벧전 2:12). 또 선행으로 어리석은 사람들의 말을 막으라고 했고, 선행은 핍박을 예방하는 길이라고도 했습니다(벧전 2:15, 3:13).

선행은 가난한 사람, 병약한 사람, 연약한 사람, 힘들어하는 사람, 의지할 곳 없는 사회적 약자들에게 사랑과 도움의 손길을 내미는 것입니다. 예수님은 이 땅에 계실 때에 시각 장애인, 한센병 환자, 불치병 환자, 병으로 자녀를 잃은 사람, 세리, 창녀, 어린이 같은 약자들과 시간을 보내고 대화하며 도움을 주셨습니다. 이들을 불쌍히 여기셨고(마 14:14, 15:32, 18:33), 동정(sympathy)만 한 것이 아니라 연민(empathy)을 가지고 그들의 필요를 채워 주셨습니다.

특히 "내가 주릴 때에 너희가 먹을 것을 주었고 목마를 때에 마시게 하였고 나그네 되었을 때에 영접하였고 헐벗었을 때에 옷을 입혔고 병들었을 때에 돌보았고 옥에 갇혔을 때에 와서 보았느니라"라는 비유의 말씀을 통해 "지극히 작은 자 하나에게 한 것이 곧 내게 한 것"이라고 하셨습니다. 마음이 무너지고 의지할 데 없는 약자들을 찾아가 돌보아야 할 사회적 책임을 강조하신 것입니다(마 25:31-46). 예수님이 가난한 자와 소외된 이들과 시간을 보내신 것을 복음서에서 읽으면서 우리도 주변의 그런 사람들과 시간을 보내지 못한다면 신앙생활에 무언가 잘못이 있음을 돌아보아야 합니다. 주변에 도움이 절실한 사람들이 있는지 살피고, 시간과 물질과 진심을 담아 작게라도 실질적 도움을 베풀어 보십시오.

내가 이신칭의를 강조했으니 행위는 반대했으리라 오해해서는 안 됩니다. 오히려 이신칭의를 설명한 로마서에서 선행을 많이 당부했습니다. "모든 사람 앞에서 선한 일을 도모하라", "선으로 악을 이기라", "선을 행하라", "선을 이루고 덕을 세우"라고 말입니다(롬 12:17, 21, 13:3, 15:2). "하나님께서 각 사람에게 그 행한 대로 보응하시되 … 선을 행하는 각 사람에게는 영광과 존귀와 평강이 있으리니"(롬 2:6-10), 선을 행하되 낙심하지 말고 모든 사람에게 착한 일을 하되 특히 믿음의 가정들에게 하라고 주문했습니다(갈 6:9-10; 고후 8:21; 살전 5:15; 살후 3:13).

또한 교회의 지도자가 되려면 선한 행실의 증거가
있어야 하고, 여성도들도 선행으로 자신을 단장해야 한
다고 권면했습니다(딤전 3:1, 7, 5:10; 딤후 2:10; 딛 1:8, 2:7).
성도는 "선을 행하고 선한 사업을 많이 하고 나누어 주
기를 좋아하며 너그러운 자가 되"어야 합니다(딤전 6:18;
살전 5:15). 선한 일은 억지로 하지 않고 스스로 원해서 해
야 합니다(몬 1:14). 선행은 밝히 드러나 하나님께 영광을
드리게 됩니다.

너희는 그 은혜에 의하여 믿음으로 말미암아 구원을 받았
으니 이것은 너희에게서 난 것이 아니요 하나님의 선물이
라 행위에서 난 것이 아니니 이는 누구든지 자랑하지 못
하게 함이라(엡 2:8-9).

선한 행위는 구원을 얻는 데 전혀 도움이 되지 않습
니다. 구원은 하나님의 은혜와 우리의 믿음으로, 오직
선물로 받는 것입니다. 하지만 바로 이어서 쓴 말씀도
소홀히 해서는 안 됩니다.

우리는 그가 만드신 바라 그리스도 예수 안에서 선한 일을 위하여 지으심을 받은 자니 이 일은 하나님이 전에 예비하사 우리로 그 가운데서 행하게 하려 하심이니라 (엡 2:10).

이미 믿음으로 구원받은 에베소 성도들에게 이것을 쓴 것은, 구원받은 이후에는 선한 일을 행해야 한다는 것을 강조하기 위함이었습니다. 심지어 성경이 기록된 목적도 "하나님의 사람으로 온전하게 하며 모든 선한 일을 행할 능력을 갖추게 하려 함"인 것을 놓치지 마십시오 (딤후 3:16-17). 당신이 구원받은 성도라면 사회적 약자를 존귀히 여기고 선행에 힘쓰십시오.

하나님 앞에서 거룩하십시오

예수님의 제자가 된 후에는 반드시 삶에서 변화가 나타나야 합니다. 이전과 똑같이 살 수 없으며, 그렇게 살아서는 안 됩니다. 특히 자신을 방탕에 방임하지 말고, 더러운 욕심을 내지 말며, 옛 습관과 행태를 벗어 버리고, 심령을 새롭게 하여 거룩함으로 새사람을 입어야 합니다(롬 6:19, 22; 엡 4:17-24). 예수님께서 당신을 거룩하고 흠 없고 책망할 것이 없는 자로 하나님 앞에 세우고자 십자가를 지고 죽으심으로 핏값으로 당신을 구원하셨음을 생각한다면 더욱 그리해야 합니다(골 1:22). 당신을 부르신 하나님이 거룩하신 것처럼, 당신도 모든 행실에 거룩한 자가 되어야 합니다(롬 6:22; 벧전 1:15-16). 더욱이 성령님이 당신 안에 내주하시므로 당신의 몸이 곧 성전입니다. 하나님의 성전이 거룩한 것처럼, 당신의 몸과 생각도 거룩하게 보존되어야 합니다. 특히 "하나님을 두려워하는 가운데서 거룩함을 온전히 이루어 육과 영의 온갖 더러운 것에서 자신을 깨끗하게" 하여 하나님께 영광을 돌려야 합니다(고전 3:17, 6:13, 19; 고후 7:1). "거룩한 행실과 경건함으로 하나님의 날이 임하기를 바라보고 간절히 사모"하기를 당부합니다(벧후 3:11-12; 벧전 1:4-16).

주님의 거룩을 닮기 위해 내가 특별히 성적 음란을 단호히 경계한 것을 유념하십시오. "낮에와 같이 단정히 행하고 방탕하거나 술 취하지 말며 음란하거나 호색하지 말며 다투거나 시기하지 말고 오직 주 예수 그리스도로 옷 입고 정욕을 위하여 육신의 일을 도모하지 말"며, 오직 "하나님을 두려워하는 가운데서 거룩함을 온전히 이루어 육과 영의 온갖 더러운 것에서 자신을 깨끗하게 하"여야 한다고 강조했습니다(롬 13:13-14; 고후 7:1). 구약의 이스라엘 백성처럼 음행하지 말고, 하나님의 거룩함과 진실함으로 행동해야 합니다(고전 10:8, 14; 고후 1:12). 사별이나 이혼 후에도 결혼하지 않고 이성과 갖는 성관계나 혼전 성관계는 잘못된 것입니다(롬 7:1-3; 고전 7:2, 9).

근친상간한 형제를 교회에서 내어 쫓으라 엄명했고(고전 5:1-2, 13), 성도라 하면서도 음행하는 자들과는 사귀지도 말라고 했습니다(고전 5:9). 성적으로 문란하여 음행하는 자, 간음하는 자, 남창들과 동성애자들은 하나님 나라를 유업으로 받지 못할 것입니다(고전 6:9, 13-18). 동성애자는 남자와 여자를 창조하여 가정을 이루게 하신 하나님 앞에서 잘못 행했음을 회개한 후 예수님을 믿고 동성애를 떠나야 합니다. 성도들은 동성애자도 사랑하고 돕는 가운데 복음을 전해야 하며, 특히 동성애를 떠나 주님께 돌아온 사람은 교회 공동체에서 편안하게 신앙생활을 할 수 있도록 도와야 합니다.

개척 당시 갈라디아 교회들에게도 이미 성적 문란을 경계했으며, 편지에서는 열다섯 가지 육체의 일을 금하였습니다. 그중 제일 먼저 언급한 세 가지가 성적 문란에 대한 것입니다. 부정하고 불법한 성관계를 말하는 음행(sexual immorality), 추잡한 간음을 의미하는 더러운 것(impurity), 절제되지 않은 음탕을 나타내는 호색(debauchery)을 엄금했습니다(갈 5:19-21; 엡 5:3). 처음 사역 때 짧게 머물렀던 데살로니가에서도 성도들에게 마땅히 어떻게 행하며 하나님을 기쁘시게 할 수 있을지에 대해 가르쳤고, 감사하게도 그들은 그대로 행했습니다. 더욱 많이 힘쓰라고 격려하면서도 성도의 거룩함이 곧 하나님의 뜻임을 다시 한번 강조했습니다. 음란을 버리고, 색욕을 좇지 않으며, 거룩함과 존귀함으로 아내를 대하는 것이 하나님의 뜻이라고 가르쳤습니다(살전 4:1-6). 하나님은 거룩을 위해 우리를 부르셨기 때문입니다.

이 경고는 내가 예수님을 믿는 성도들에게 한 것이므로, 당신에게도 해당합니다. 예수님의 제자가 되었으니 불의, 음행, 우상 숭배, 간음, 탐색, 남색, 도둑질, 탐

욕, 술 취함, 모욕, 약탈은 모양조차도 닮지 말아야 합니다. 이런 일을 행하는 자들은 하나님 나라를 유업으로 받지 못합니다. 몸은 음란을 위하여 있지 않으므로 음행을 피해야 합니다(고전 6:8-10, 13-18). "그리스도 예수의 사람들은 육체와 함께 그 정욕과 탐심을 십자가에 못 박았"기에 문란하게 살아서는 안 됩니다(갈 5:19-24).

　　예수님을 믿는다는 것은 그리스도인으로 살겠다는 결심을 넘어, 예수님의 사랑과 희생에 감사하여 그분의 제자가 되겠다는 결단이어야 합니다. 그분의 인격과 성품을 닮아 세상에서 성숙한 제자가 되겠다는 의미입니다. 그분의 사랑과 복음에 걸맞은 삶을 살려고 노력해야 합니다. 인생관, 사랑, 용서, 선행, 거룩의 영역에서 달라진 삶을 살아야 합니다. 예수님의 성품을 따라 겸손, 온유, 자비, 평화, 화해, 진실, 인내, 관용의 삶을 살아야 합니다. 빛의 자녀는 어둠의 자녀와 구분된 삶을 보여야 합니다. 이것은 예수 신앙을 윤리와 도덕의 종교로 격하시키는 것이 아니라, 신행일치(信行一致)에서 진리를 믿는 신(信)을 분명히 앞세우면서도 행(行)이 반드시 따라야 함을 강조하는 것입니다.

우리가 예수님을 믿어 하나님의 백성이 된 후 하나님께서 가장 바라시는 것은 예수님의 성품을 닮은 성도로 자라 가는 것입니다. 그래서 이 땅에서 하나님 나라를 이루어 가는 것입니다. 하루아침에 다 변할 수는 없겠지만, 성숙해 가는 증거를 보여야 합니다. 성숙한 성도는 하나님 중심으로 생각하고 순종하며, 다른 사람의 입장에서 생각하고 행동해야 합니다. 예수 공동체에 속한 모든 성도가 개인적으로 자라면서 다른 성도와도 연계하여 작은 예수들의 공동체로 성장해 가야 합니다. 이 중요한 변화가 당신으로부터 시작되길 축복합니다. 당신이 그리스도가 쓰신 편지가 되고, 그리스도를 비추는 거울이 되며, 그리스도를 드러내는 향기가 되길 바랍니다. 복음의 진리를 삶으로 살아 내는 당신의 모습이 불신자들이 읽을 수 있는 성경이 되어, 그들도 예수님과 기독 신앙을 따르게 되길 기도합니다.

4

드러나지 않는
작은 일에도
충실하십시오

루디아 기념 교회

바울이 마게도냐 사람이 부르는 환상을 보고 찾아간 빌립보에서 예수님을 믿은 첫 열매가 루디아였습니다. 그녀는 선교 팀을 자기 집에 초대했고, 핍박 때문에 데살로니가로 피신한 사도 바울에게 헌금을 보내며 기도와 물질과 마음으로 동역했습니다. 뿐만 아니라 루디아와 빌립보교회 성도들은 예수님께서 유럽에 세우신 첫 교회 공동체를 아름답게 성장시켜 유럽 교회의 기틀을 마련했습니다. 이런 성도들의 사역이 귀합니다.

| 롬 16:3-4 |

너희는 그리스도 예수 안에서 나의 동역자들인 브리스가와 아굴라에게 문안하라 그들은 내 목숨을 위하여 자기들의 목까지도 내놓았나니 나뿐 아니라 이방인의 모든 교회도 그들에게 감사하느니라

사도행전은 베드로, 빌립, 바나바와 같은 전도자들의 사역을 기록하고 있습니다. 나 역시 주요 인물로 등장하여 나의 전도와 교회 개척 사역이 많이 소개되었습니다. 우리는 예수님의 지시에 따라 예루살렘으로부터 땅끝까지 나아가 복음을 전했고, 성령님의 역사로 많은 유대인과 이방인이 예수님을 믿어 주님의 교회가 로마 제국의 주요 도시에 세워졌습니다. 이 모든

것은 성령님께서 이루신 일이며, 우리는 그분의 도구로 쓰임 받는 축복을 누렸습니다.

하지만 간과해서는 안 될 중요한 요소가 있습니다. 수많은 성도가 이 대역사에 동참했다는 사실입니다. 그들의 이름은 성경에 기록되어 있지 않습니다. 평생 주님께 헌신하며 수많은 사역을 했겠지만, 단역의 역할만이 성경에 실렸을 뿐입니다. 사람들은 그들을 잘 알지 못하고, 혹 기억한다 해도 미미한 일을 한 것으로 생각하기 쉽습니다. 그러나 나는 그들의 역할을 소중히 여기고 감사했습니다. 당신의 역할도 본인이나 남들이 볼 때는 하찮게 여겨질 수 있지만, 하나님께는 요긴하며 반드시 기억될 것입니다.

내가 다메섹으로 가는 길에 예수님이 나타나신 후 아나니아의 안내를 받아 성도들을 만났습니다. 그들은 내가 얼마나 악랄한 핍박자였는지 알고 있었지만, 이제는 예수님의 제자가 되었다는 내 간증과 아나니아의 말을 듣고 나를 받아 주었습니다. 그들은 내게 용서와 우정을 보여 줄 만큼 성숙했습니다. 나중에 아라비아에서 다메섹으로 돌아왔을 때, 유대인들과 아레다왕의 군사들이 나를 체포하려 했습니다. 그때 다메섹의 형제들이 밤에 나를 광주리에 달아 성벽 들창문으로 내려 주었습니다. 목숨을 걸고 피신시켜 주었습니다. 이름도 알려지지 않은 이들의 수고가 없었다면, 나의 선교 사역은 시작해 보지도 못하고 멈추었을지 모릅니다.

예루살렘 성도들도 엄청난 일을 했습니다. 그들은 박해를 피해 여러 지역으로 흩어졌지만, 삶의 터전을 잃고 갓 얻은 신앙마저 빼앗길 위기에서도 그들은 그곳에서 예수님을 전했습니다. 수리아 안디옥에 온 성도들은 유대인뿐 아니라 이방인들에게도 복음을 전하여 예수님을 믿게 했고, 이 평신도들이 안디옥교회를 세우는 쾌거를 이루었습니다. 내가 바나바의 초청으로 길리기아에서 수리아 안디옥으로 옮긴 후 이들을 가르쳤는데, 말씀을 사모하고 삶에 변화가 나타나는 것이 놀라웠습니다. '그리스도인'이라는 호칭을 처음 듣게 된 것도 바로 이들의 달라진 삶 때문이었습니다. 이들은 자기들도 흉년을 당했음에도 구제 헌금을 모아 예루살렘 성도들을 지원했습니다.

나중에 성령께서 바나바와 나를 따로 세워 하나님

이 시키시는 일을 위해 보내라고 하셨을 때 성도들은 받아들이기 어려웠을 것입니다. 그러나 기도하며 주님의 뜻을 구하고 우리를 파송해 주었습니다. 안디옥교회가 세계 선교를 시작한 첫 교회가 된 것은 이들의 순종 덕분입니다. 1차 선교 여행 때 버가에 들렀을 때, 그곳의 형제들이 우리를 맞아 주었습니다. 그들은 베드로의 오순절 설교를 듣고 예수님을 믿은 성도들이었습니다 (행 2:10). 겨울이 오기 전에 비시디아 안디옥에 도착하려면 하루라도 빨리 타우로스산맥을 넘어야 한다며 필요한 것들을 챙겨 주었고, 3천 미터가 넘는 높은 산맥을 넘을 때까지 먼 길을 동행해 주었습니다. 이들이 없었다면 야생 동물과 산적들이 우글거리는 험한 산맥을 넘기가 쉽지 않았을 것입니다.

비시디아 안디옥에서 전도한 후 바나바와 나는 심한 핍박을 받아 이고니온과 루스드라, 더베로 피신해야 했습니다. 하지만 각 지역에서 교회 공동체를 유지하고 성장시킨 사람들은 예수님을 갓 믿은 성도들이었습니다. 돌에 맞아 죽은 줄 알고 버려진 나를 성도들이 찾아와 둘러서서 기도해 주었으며, 집에 데려가 정성껏 치료

해 주었습니다. 모두 목숨을 건 행보였습니다. 우리가
전한 복음을 믿고 새로 얻은 신앙 때문에 그들도 위험에
처했지만, 이 초신자들은 믿음을 지키며 예수님의 담대
한 제자로 성장했습니다.

2차 선교 여행 때 빌립보에서 만난 루디아는 특별
했습니다. 예수님을 믿자마자 우리 선교사들에게 자신
의 집에서 머물도록 강권했습니다. 간수와 죄수였던 성
도들도 우리에게 힘이 되었습니다. 신앙을 가진 지 얼마
안 되었음에도 희생적으로 헌금을 모아 데살로니가에
있던 나에게 두 번이나 보내 주었습니다. 여러 해 후에
가이사랴 감옥에 갇혔을 때도 에바브로디도 편에 필요
한 것들을 보내 주었습니다. 데살로니가에서 만난 야손
과 성도들도 우리 대신 핍박을 받고 보석금을 내면서 우
리를 보호해 주었습니다. 베뢰아와 아덴으로 밤에 급히
피신시켜 준 형제들이 없었으면 우리의 선교는 큰 지장
을 받았을 것입니다.

브리스길라와 아굴라 부부의 헌신과 사랑도 잊을
수 없습니다. 홀로 도착한 고린도에서 이 믿음의 부부를
만나 숙식과 일거리를 제공받았고, 하나님의 예비하신

손길을 느끼며 큰 격려를 받았습니다. 무엇보다도 이들은 깊은 신앙과 아볼로를 가르칠 정도의 박식한 지식으로 엄청난 사역을 감당했습니다. 이들은 나와 함께 에베소로 가서 교회를 개척했고, 내가 돌아올 때까지 그곳을 섬겼습니다. 에베소에서 3년을 함께 보내고, 일루리곤으로도 동행했으며, 나보다 먼저 로마에 도착하여 교회를 섬겼습니다. "그들은 내 목숨을 위하여 자기들의 목까지도 내놓았"습니다(롬 16:4). 나뿐 아니라 누가도 "브리스길라와 아굴라"라고 부인의 이름을 먼저 쓴 것은 브리스길라가 남편보다 훨씬 더 적극적으로 주님의 일에 열심이었기 때문입니다(행 18:18, 26). 여성도들도 은사를 따라 큰 역할을 할 수 있습니다.

예수님을 믿은 에베소의 마술사들을 생각하면 가슴이 벅찹니다. 그들은 예수님을 믿은 후 생업이자 수입원인 마술을 버렸고, 수억 원어치의 마술책을 미련 없이 태워 버렸습니다. 공개적으로 과거 생활과의 단절을 선언한 것입니다. 이들 중에는 두란노 서원에서 훈련받고 사역자가 된 사람도 많았습니다. 에바브라와 같이 두란노 서원에서 성경 공부와 전도 훈련을 받은 성도들이 아시아 속주 전역에 흩어져 교회를 개척했습니다. 골로새, 라오디게아, 히에라볼리, 밀레도, 사데, 빌라델비아에 교회를 세우고 섬겼습니다. 빌레몬의 집과 눔바의 집에도 예수 공동체가 모였습니다. 에베소의 관리 중 주님을 믿은 성도들도 자신들의 위치를 활용하여 나를 보호해 주었는데, 이 또한 자신들의 권력과 목숨을 건 헌신이었습니다.

내가 에베소 장로들을 밀레도로 불렀을 때 그들은 지체없이 달려왔고, 나의 중요한 당부를 받들어 에베소와 아시아의 교회들을 지켜 주었습니다. 그리하여 나중에 에베소교회는 악한 자들을 용납하지 않고 자칭 사도라 하되 아닌 자들을 시험하여 그 거짓됨을 드러냈다고 칭찬을 받았습니다(계 2:2). 내가 다시는 서로 만나지 못할 것이라고 말하자, 그들은 나를 부둥켜안고 울며, 입을 맞추며 작별을 아쉬워했습니다. 주님께서는 이런 애틋한 작별을 통해 나를 크게 위로해 주셨고, 나는 고난 중에도 큰 보람을 느꼈습니다.

여러 이방 교회 성도들은 극심한 가난 가운데서도 예루살렘의 가난한 성도들을 위해 희생적으로 헌금을 모았고, 대표들이 나와 동행하여 예루살렘교회에 전달했습니다. 가는 길에 만난 성도들은 내 안위를 생각하여 예루살렘에 가지 말라고 울면서 말렸습니다. 그래도 내가 예루살렘으로 가야 한다는 뜻을 굽히지 않자, 결국 하나님의 뜻에 맡기며 순종했습니다. 개인적으로 이들의 사랑에 마음 깊이 감사했습니다.

결국 예상한 대로 예루살렘에서 체포되어 가이사랴 감옥에 갇혔을 때는 빌립을 포함한 성도들이 늘 찾아왔으며, 그때마다 먹을 것과 필요한 것을 넣어 주었습니다(행 24:23). 당시 감옥에서는 이런 것들이 제공되지 않았으므로 연명하기 어려운 죄수들도 있었습니다. 성도들이 준 것을 이들과 나누니 전도의 문이 열렸습니다. 로마로 호송될 때 로마 가까이에 이르자 로마 성도들이 마중을 나왔습니다. 나는 그들을 보고 하나님께 감사하고 담대한 마음을 얻었습니다(행 28:15). 로마에 도착했을 때는 성도들이 나를 위해 큰 셋집을 준비해 주었습니다. 그들은 찾아오며 옷과 음식도 날라다 주었습니다. 선교사들을 돌보는 것도 필요한 동역이며 중요한 사역입니다.

무명의 영웅들

이렇게 선교사들을 지원하고 신앙을 지키며 교회를 든든히 세운 무명의 영웅들이 없었다면 초대 교회들은 자리를 잡고 성장하기가 쉽지 않았을 것입니다. 내 사역도 마찬가지입니다. 모든 것이 하나님의 은혜지만, 알려지지 않은 성도들의 역할이 컸습니다. 이들을 만나 소식을 나누며 뜨겁고 풍성한 교제를 할 수 있었던 것은 힘든 선교 사역 중에도 큰 위로와 축복이었습니다. 여기 간추린 이야기에 담기지 못한 수많은 성도가 있습니다. 선교사와 목회자의 손길이 미처 미치지 못할 때, 성도들이 서로를 돕고 섬기며 가르치고 함께 하나님 나라를 확장해 간 것이 자랑스럽습니다. 너무 고맙습니다. 이들은 훌륭한 사역자들입니다. 우리 모두가 함께 하나님의 일을 한 것입니다.

당신도 마찬가지입니다. 삶의 여러 어려움에도 불구하고 나름 믿음을 지키며 훌륭한 사역을 하고 있으리라 생각합니다. 사실 하나님 나라의 일은 성도들의 헌신과 기도로 세워지고 확장됩니다. 전임 사역자의 비율은 매우 낮습니다. 하나님 나라의 중차대한 일을 극소수의 전임 목회자, 전도자, 선교사, 사역자들에게만 맡겨 둘 수는 없습니다. 모든 성도가 참여해야 합니다. 모두 하나님의 자녀요, 사역자이기 때문입니다. 하늘에 계신 우리 아버지의 일이기 때문입니다.

하나님은 큰 뜻을 가지고 당신을 지금 그 자리에 두셨습니다. 당신의 직업과 전문성과 경험과 재능을 가지고 사회에서 일할 뿐 아니라, 당신의 영향으로 하나님 나라가 세워지고 확장되어 가기를 바라십니다. 하나님은 전임 사역자들이 갈 수 없는 곳에 당신을 보내셨습니다. 남이 하지 못하는 일을 당신이 할 수 있습니다. 지금 있는 자리, 하는 일에서 주님을 섬길 길을 찾게 해 달라고 기도하고, 또 찾아보십시오. 있는 곳에서 그리스도의 향기를 드러내고, 빛과 소금의 역할을 감당해 보십시오. 하나님이 함께하시어 귀하게 사용해 주실 것입니다. 작은 일이라도 주어지면 충성하십시오. 작은 일이라 생각할지 몰라도, 그 일이 앞에서 살펴본 성도의 역할들처럼 요긴하고 결정적일 수 있습니다. 남이 몰라주고 어디에도 이름과 업적이 기록되지 않는다 해도, 하나님은 보고 계시며, 주님 앞에 서는 날 칭찬하고 보상해 주실 것입니다.

하나님은 당신을 사용하길 원하십니다. 당신에게 역할을 맡기고 싶어 하십니다. 그런데 자원하는 심령을 가진 사람을 쓰십니다. 당신은 마당만 밟거나 교회 의자만 데우고 갈 사람이 아닙니다. 손님처럼 예배에만 참석하지 마십시오. 교회와 하나님 나라에는 예수님의 이름으로, 그분의 명예를 위해 할 일이 너무 많습니다. 큰 교회여도 일꾼이 부족한 경우가 많습니다. 출석하는 교회에서 적어도 한 가지는 꼭 맡아 보십시오. 그래야 소속감이 생기고 더 적극적인 신앙을 갖게 될 것입니다. 봉사에 참여의 의사를 밝히고, 자원하여 사람을 돕고 양육하는 일에 힘써 보십시오. 교회 밖에도 주님의 이름으로 당신이 할 일이 많습니다. 기도하며 찾아보십시오. 교회에서 혜택을 받겠다는 소비 중심적 신앙생활에서 벗어나십시오. 익명의 종교인이 되지 말고 능동적인 그리스도인이 되십시오.

내게 큰 기쁨을 주고 하나님께 감사하게 하는 성도는 복음을 위한 일에 동참하는 사람들이었습니다(빌 1:1-5). 당신 주변의 목회자와 사역자들도 나와 같이 느낄 것입니다. 목회자들과 선교사들을 도와 그들과 함께 더욱 주님의 일에 힘쓰기 바랍니다. 나는 목회자에게 보내는 편지에서 성품과 영성으로, 모본으로 그리고 초연한 자세로 목회하라고 주문했습니다. 당신에게는 목회자를 힘들게 하지 말라고 당부합니다. 오히려 평안한 마음으로 목회에 전념할 수 있도록 심적, 신앙적, 재정적 지원을 아끼지 마십시오.

이해되지 않는 어려움을 만나 고난을 지나더라도 인내와 믿음으로 이겨 내십시오. 주님의 일이 아닌 것에 수고하지 말고 영원과 관계된 주님의 일에 힘을 모으십시오. 당신의 수고가 주 안에서 헛되지 않을 것입니다 (고전 15:58). 특히 복음의 진보를 위해 애써 보십시오. 하나님이 당신과 함께하실 것이며, 당신은 하나님의 일을 하는 동안 그분을 경험하게 될 것입니다. 하나님이 우리와 함께하시고 우리를 사용하신다는 것을 느끼는 것보다 더 큰 축복은 없습니다. 당신의 삶은 더욱 풍성해질 것이며, 하나님 나라는 확장될 것입니다. 또한 교회와 사회와 이웃은 당신으로 인하여 따뜻해질 것입니다. 그런 축복을 기원합니다.

5

최고의 선물,
복음을
          나누어 주십시오

아레오바고 언덕에서 본 아크로폴리스

아레오바고 언덕에 모여든 그리스 철학자들에게 예수와 그의 부활을 증거할 때, 바울은 손을 들어 장엄한 아크로폴리스의 여러 신전을 가리키며 담대히 외쳤습니다. "만물을 지으신 하나님께서는 천지의 주재시니 손으로 지은 전에 계시지 않는다." 바울은 모든 사람에게 구원을 주시는 복음의 능력을 확신하였으므로 예수 복음을 전할 기회를 찾으려 애썼습니다.

이에 제자들에게 이르시되 추수할 것은 많되 일꾼이 적으니 그러므로 추수하는 주인에게 청하여 추수할 일꾼들을 보내 주소서 하라 하시니라

사람들은 나를 선교사, 교회 개척자, 목회자, 저술가, 신학자 등 여러 타이틀로 부릅니다. 하지만 내가 수행한 가장 중요한 역할은 전도자였습니다. 멀리 여러 지역을 다니며 전도했기에 선교사가 되었고, 전도를 통해 예수님을 믿게 된 사람들을 모아 교회를 세웠기에 교회 개척자가 되었습니다. 성도들을 위해 기도하고 예배를 인도하며, 신앙 성장을 위해 가르치고 상담하

다 보니 목회자가 되었고, 핍박을 받아 다른 지역으로 옮겨 가 열 통이 넘는 길고 짧은 편지로 멀리 있던 성도들을 가르치고 격려하다 보니 저술가가 되었으며, 그 편지들 속에 신학적 내용을 다루다 보니 신학자가 되었습니다. 이 모든 역할은 오직 하나님의 은혜로 감당할 수 있었습니다.

나는 내 사명과 사역을 분명히 이해하고 있었습니다. 나는 복음의 일꾼으로 부름을 받았습니다. 화목하게 하는 말씀과 직분을 맡은 그리스도의 대사가 되어 복음을 선포하고 가르치는 일꾼으로 세움을 입었다고 확신했습니다(골 1:23; 딤전 2:7; 딤후 1:11). 예수님이 처음 내게 나타나셨을 때도 주님의 복음을 유대인과 이방인에게 전할 증인으로 나를 택하셨다고 말씀하셨습니다(행 9:16, 26:16-18). 나는 하늘에서 보이신 것을 거스르지 않으려고 애썼습니다. "내가 달려갈 길과 주 예수께 받은 사명 곧 하나님의 은혜의 복음을 증언하는 일을 마치려 함에는 나의 생명조차 조금도 귀한 것으로 여기지 아니하"였습니다(행 20:24). 복음을 전하지 않으면 내게 화(禍)가 있을 것이라는 마음으로, 몇 사람이라도 더 구원으로 인도하고 예수의 제자로 세우기 위해 스스로 많은 사람의 종이 되었습니다(고전 9:16, 19-21).

하나님은 성령의 표적과 기사로 늘 함께해 주셨습니다. 하나님의 은혜로 예루살렘에서부터 일루리곤과 로마까지, 길리기아, 수리아, 구브로, 갈라디아, 아시아, 마게도냐, 아가야 속주들을 다니며 복음을 전하고 교회를 개척했습니다. 나는 사도 중에 가장 작은 자요, 사도라 부름받을 자격이 없는 사람이었지만, 다른 사도들보다 더 많이 수고하며 복음을 전파했습니다. 이 모든 것이 하나님의 크신 은혜였고, 그 은혜에 보답하고 싶은 나의 간절한 소원이었습니다.

당신도 마찬가지일 것입니다. 비록 복음 전하는 일을 풀타임으로 하고 있지 않더라도 하나님께 받은 구원의 축복을 다른 사람들에게 나누고 싶은 마음이 있을 것입니다. 우리는 하나님으로부터 영생이라는 놀라운 선물을 받았습니다. 크고 좋은 선물을 받고 남들에게 자랑하는 것은 자연스러운 일입니다. 다른 사람에게도 같은 선물을 받으라고 적극적으로 권유하는 것이 당연하지 않겠습니까? 전도는 마치 먹을 것을 찾은 거지가 다른 거지들에게 음식이 있는 곳을 알려 주는 것과 같습니다. 혼자만 먹고 다른 거지들에게 알려 주지 않는 것은 바른 행동이 아닐 것입니다. 한센병을 앓던 거지들이 말했던 것처럼, 아름다운 소식이 있는데 침묵해서야 되겠습니까(왕하 7:1-10)? 구원의 축복을 감추듯 혼자 간직만 하거나, 마치 주지 말아야 할 것을 주는 듯 머뭇거리는 것은 선물을 주신 하나님에 대한 예의가 아닙니다. 그것은 대단한 선물이 아니라든지, 꼭 필요한 선물이 아니었다는 메시지를 전하는 셈이 되기 때문입니다.

예수님은 전도를 얼마나 중요하게 보실까

전도가 중요한 줄 모르는 성도는 드물 것입니다. 그러나 전도가 얼마나 중요한가를 충분히 인식하는 사람은 많지 않습니다. 그래서 전도가 얼마나 중요한지를 설명하고자 합니다. 먼저, 예수님의 공생애가 전도와 직결되어 있었습니다. 주님은 전도를 위해 이 땅에 오셨다는 사실을 알아야 합니다. 공생애를 시작하면서 선언하신 사역 청사진(manifesto)에 '전파'라는 단어가 세 번이나 반복된 것을 주목하십시오.

주의 성령이 내게 임하셨으니 이는 가난한 자에게 복음을 전하게 하시려고 내게 기름을 부으시고 나를 보내사 포로된 자에게 자유를, 눈먼 자에게 다시 보게 함을 전파하며 눌린 자를 자유롭게 하고 주의 은혜의 해를 전파하게 하려 하심이라 하였더라(눅 4:18-19).

공생애 초기에 제자들이 예수님께 달려와 어제 말씀을 들은 사람들이 밤새 노숙하며 기다리고 있으니 어서 가서 가르쳐 주시라고 종용했습니다. 하지만 예수님은 "다른 가까운 마을들로 가자 거기서도 전도하리니 내가 이[전도]를 위하여 왔노라" 하시고는 온 갈릴리에 다니며 전도하셨습니다(막 1:38-39; 마 9:35).

제자들을 처음 부르실 때도 "나를 따라오라 내가 너희를 사람을 낚는 어부가 되게 하리라"고 하셨습니다(마 4:19). 즉, 사람을 낚는 어부가 되게 하려고 제자들을 부르셨다는 말씀이며, 예수님이 삼 년 동안 하셨던 제자

훈련의 핵심이 바로 전도 훈련이었다는 의미입니다. 예수님을 따르면 사람을 낚게 된다는 뜻이고, 사람을 낚고 있는가가 예수님을 얼마나 잘 따르고 있는지를 가늠할 수 있는 척도가 된다는 말이기도 합니다.

얼마 후 예수님은 열두 사도를 특별히 세우셨는데, 이것도 전도와 깊은 연관이 있습니다.

이에 열둘을 세우셨으니 이는 자기와 함께 있게 하시고 또 보내사 전도도 하며(막 3:14).

사도들은 예수님과 함께 있으면서 말씀 충만, 기도 충만, 성령 충만을 받아 그 힘으로 능력 있게 전도 사역을 감당하도록 선택받았습니다. 우리가 예배에 참석하고 찬양하고 기도하며 큐티하고, 말씀을 읽고 듣고 묵상하고 공부하는 것은 주님과 함께 있는 것에 해당합니다. 이 모두는 중요합니다. 우리도 주님과 함께 있을 때 얻은 충만함으로 흩어져 세상으로 나아가 전도해야 하며, 주님께서 우리를 그런 기대를 가지고 부르셨음을 알아야 합니다.

부활하신 후에도 예수님은 "그러므로 너희는 가서 모든 민족을 제자로 삼아 아버지와 아들과 성령의 이름으로 세례를 베풀고 내가 너희에게 분부한 모든 것을 가르쳐 지키게 하라"고 마지막 지상 명령을 주셨습니다 (마 28:18-20). 예수님께서 제자들에게 처음과 중간과 마지막에 하신 말씀이 모두 '전도'라는 단일 주제로 일관성 있게 연결되어 있음을 보십시오. 예수님의 오심과 공생애 사역이 복음을 전파하는 것과 직결되어 있습니다. 예수님의 재림도 마찬가지입니다.

이 천국 복음이 모든 민족에게 증언되기 위하여 온 세상에 전파되리니 그제야 끝이 오리라(마 24:14).

예수님이 전도를 얼마나 중요하게 여기시는지는 사도행전 1장 1-11절에도 나타나 있습니다. 예수님은 부활한 후 40일 동안 여러 번 제자들에게 나타나셔서 하나님 나라의 일을 말씀해 주셨습니다. 복음서에 기록된 것처럼, 예수님이 공생애 기간 내내 가르치신 주제도 하나님 나라였습니다. 그런데 이상하게도 부활 후에는 하나님 나라에 대해 가르치신 내용이 하나도 기록되어 있지 않고, 오직 전도와 선교에 대한 말씀만 반복적으로 기록되어 있습니다(마 28:18-20; 막 16:15; 눅 24:44-48; 요 20:21; 행 1:6-8). 이것은 부활하신 예수님의 최대 관심사가 당신이 완성하신 십자가와 부활의 복음을 예루살렘으로부터 땅끝까지 전하는 데 있었음을 나타내는 것입니다. 그리고 그 사명을 사도들에게 주시면서 성령을 기다리라고 하셨습니다.

하지만 제자들은 성령이 오실 때 이스라엘 나라가 회복될 것이냐고 여쭈었습니다. 이 마지막 질문은 이스라엘의 회복이 그들의 최대 관심사였음을 보여 줍니다. 그러나 주님은 그것이 그들의 최대 관심사가 되어서는 안 된다고 선을 그으며, 대신 당신의 최대 관심사가 무엇인지를 분명하게 말씀해 주셨습니다.

오직 성령이 너희에게 임하시면 너희가 권능을 받고 예루살렘과 온 유대와 사마리아와 땅끝까지 이르러 내 증인이 되리라 하시니라(행 1:8).

성령이 오시는 일차적 목적은 복음의 증인에게 능력을 부으시기 위함이라 하셨습니다. 복음 전도가 사도들의 최대 관심사가 되어야 함을 일깨워 주고 승천하셨습니다. 승천하신 예수님은 다시 오십니다. 속히 오시겠다고 약속하셨습니다(계 22:7, 12, 20). 그러나 2천 년이 지난 지금도 아직 오시지 않은 것은, 복음이 온 세상 모든 민족에게 전파된 후에야 끝이 온다고 말씀하신 재림의 전제 조건이 아직 충족되지 않았기 때문입니다(마 24:14).

주님은 성도들이 복음 전도를 우선적 관심사로 삼아, 전도하려고 기도하며 노력하길 기대하십니다. 사도행전은 누가가 데오빌로에게 쓴 두 번째 글입니다. 놓치지 말아야 할 것은, 누가복음 끝에서 이미 전도와 선교의 사명에 대해 기록했는데, 사도행전의 시작 부분에서 다시 한번 언급하고 있다는 점입니다(눅 24:44-48; 행 1:1-11). 두 책에서 반복되는 주제는 이것뿐입니다. 반복은 강조를 의미합니다. 누가는 데오빌로에게 전도와 선교의 중요성만큼은 절대 명심하라고 말하는 것입니다. 당신도 이 사명의 중요성을 잊지 마십시오. 어떤 직업에 종사하든, 어떤 방식으로라도 복음을 나누는 일에 최대한 참여

하길 바랍니다. 영혼 구원은 모든 그리스도인과 교회에게 주어진 중요한 사명입니다. 모든 성도는 교회의 직분이나 사회 신분, 직업에 관계없이 전도를 최대 관심사로 삼아야 합니다.

누가는 2차 선교 여행 때부터 순교 때까지 나와 함께한 신실한 동역자였습니다. 여러 지역을 다니며 전도하는 나의 모습을 가까이서 보았고, 전도의 중요성을 누구보다 잘 알고 실천한 사람이었습니다. 사도행전에서도 내가 전도하며 하나님 나라를 확장해 가는 모습을 중점적으로 다루었습니다. 목숨을 걸고 계속한 일이 전도였음을 알았기 때문입니다. 전도의 사명은 전도자나 목회자, 선교사에게만 주어진 것이 아닙니다. 당신을 포함한 모든 성도가 주님으로부터 화목하게 하는 직분과 말씀을 받아 그리스도를 대신하는 대사(大使)가 되었습니다(고후 5:18-19). 하나님과 함께 일하는 사람으로 부름을 받았고, 전도할 때 하나님의 함께하심과 일하심을 경험하게 됩니다. 이것이야말로 가장 영광스럽고 보람 있는 삶이 아닐 수 없습니다.

"복음은 모든 믿는 자에게 구원을 주시는 하나님의

능력이" 됩니다(롬 1:16). "입으로 예수를 주로 시인하며 또 하나님께서 그를 죽은 자 가운데서 살리신 것을 … 마음에 믿으면 구원을 받"게 됩니다. 유대인이나 헬라인이나, 남자나 여자나, 어린이나 노인이나 누구든지 이 복음을 믿고 예수님의 이름을 부르면 구원을 받을 수 있습니다. 기독교는 만인 구원을 지향하는 포용적 종교입니다.

그런데 중요한 원리가 있습니다. "그들이 믿지 아니하는 이를 어찌 부르리요 듣지도 못한 이를 어찌 믿으리요 전파하는 자가 없이 어찌 들으리요 보내심을 받지 아니하였으면 어찌 전파하리요"(롬 10:9-15). 교회는 전도자를 보내야 하고, 전도자는 가서 복음을 전해야만 사람들이 들을 수 있으며, 그래야 그들이 예수님을 믿고 그분의 이름을 불러 구원을 얻게 된다는 것입니다. "믿음은 들음에서 나며 들음은 그리스도의 말씀으로 말미암"기 때문에 복음이 전해져야 합니다(롬 10:17). 전도는 성경 몇 구절에 나오는 명령 때문에 중요한 것이 아니라, 신약성경 전체가 전도라는 맥과 중심축으로 연결되어 있기 때문입니다. 신약 전체의 흐름이자 가르침의 핵심입니다. 따라서 전도는 필수입니다.

복음을 듣지 못하고는 믿을 수 없기에, 먼저 믿은 우리가 불신자들에게 예수님과 십자가와 부활에 대해 들려주어야 합니다. 예수님은 "길과 산울타리 가로 나가서 사람을 강권하여 데려다가 내 집을 채우라"고 하셨습니다(눅 14:23). 주님은 복음을 전하러 가는 자들의 발과 마음을 아름답다고 하십니다(사 52:7; 롬 10:15). 함께 가 주시고, 할 말을 입술에 넣어 주시며, 불신자의 마음을 열어 주십니다. 나는 거절도 많이 당했지만, 하나님이 심령을 열어 예비해 놓으신 귀한 영혼들을 만났고, 구원으로 인도하는 축복을 누렸습니다. 이보다 더 보람 있는 일은 없었으며, 이보다 더 하나님을 기쁘시게 한 일도 없었습니다.

거절당하는 것은 당연합니다

우리를 죄에서 해방시키고 영원한 생명을 얻게 한 이 놀라운 복음을 왜 우리는 잘 전하지 못할까요? 첫째는 전도가 얼마나 중요한지 그리고 주님께서 전도를 얼마나 중요하게 여기시는지 충분히 인식하지 못하기 때문입니다. 앞에서 드린 설명이 도움이 되었길 바랍니다.

전도를 잘하지 못하는 두 번째 이유는 거절과 실패에 대한 두려움 때문입니다. 거절을 두려워하지 말고, 오히려 거절을 당연한 것으로 받아들여야 합니다. 예수님께서 사도들과 칠십 인 전도대를 파송하시면서, 만약 어느 마을에서 아무도 받아들이지 않고 모두 거절하거든 신발의 흙을 떨어 버리고 다른 마을로 가라고 하셨습니다 (마 10:11-14). 예수님께 훈련받고 전도하러 나가도 마을 전체로부터 거절당할 수 있다는 것입니다. 주님은 그럴 줄 알면서도 그 마을로 제자들을 보내셨다는 점을 묵상해 보십시오.

거절당하는 것은 당연한 일이니 낙심하지 마십시오 (사 6:9-10; 마 13:11-15). 예수님은 십자가 처형을 받기까지 배척을 당하셨습니다. 나 역시 가는 곳마다 거절은 물론 심한 육체적, 정신적 핍박을 받았습니다. 유대인들이 복음을 배척했지만, 주님은 대신 이방인들에게 복음을 전할 기회를 주셨습니다(행 13:46-49, 18:6, 28:25-28). 전도하다 보면 항상 하나님이 예비하신 영혼이 있습니다. 전도는 바로 이 소수의 영혼을 찾아가는 것입니다. 신발의 흙을 털듯 낙심한 마음을 떨어 버리고, 새로운 마음으로 다음 마을, 다음 영혼에게 다가가십시오. 주님은 세상 끝 날까지 함께 있으리라 약속하셨는데, 그 약속은 복음을 들고 이웃과 모든 족속에게 나아가는 사람들과 함께 하시겠다는 의미입니다. 당신도 전도하려는 마음으로 기도하며 불신자를 향하여 조심스럽게 나아간다면 성령께서 함께해 주실 것입니다.

전도에 실패는 없습니다

전도를 힘들어하는 세 번째 이유는 전도를 영혼 추수로만 오해하기 때문입니다. 전도가 영적 추수인 것은 맞지만, 영혼 추수로만 이해하면 씨 뿌리는 단계를 소홀히 여기는 치명적 실수를 범하게 됩니다. 씨를 뿌리지 않고는 추수가 있을 수 없습니다. 추수는 씨를 뿌림으로써 시작됩니다. 험하고 딱딱한 땅을 파고 고르며, 돌과 잡목을 제거하는 것도 추수를 위해 반드시 필요한 과정입니다. 전도에는 심고 거두는 최소한의 두 단계와 심는 사람과 거두는 사람, 적어도 두 사람이 필요합니다 (요 4:36-37). 이 모두가 전도에 필요한 과정이며, 모두가 전도의 일꾼입니다. 전도에는 실패가 없습니다. 거두지 못했다면 씨를 뿌린 것입니다. 열매에 집착하지 않을 때 낙심하여 전도를 중단하는 일이 줄어들 것입니다.

농사에서는 보통 씨를 뿌린 농부가 곡식을 거둡니다. 그러나 복음의 씨를 뿌리는 사람과 영혼을 추수하는 사람은 서로 다른 경우가 대부분입니다. 하나님은 영혼 추수라는 공동의 사명을 위해 어떤 사람은 땅을 고르는 자로, 어떤 사람은 씨를 뿌리는 자로, 어떤 사람은 물을 주는 자로, 어떤 사람은 잡초를 뽑는 자로, 어떤 사람은 추수하는 자로, 또 어떤 사람은 제자로 양육하는 자로 각각의 역할을 담당하게 하십니다. 한 영혼이 구원을 얻기까지 수고한 사람들이 그 열매를 이 땅에서 직접 보지 못하는 경우가 많습니다. 그러나 하나님은 "내 입에서 나가는 말도 … 헛되이 내게로 되돌아오지 아니하고 나의 기뻐하는 뜻을 이"룬다고 말씀하셨습니다(사 55:11).

전도를 영혼 추수로만 생각하다 보면 주님이 추수

한 자를 가장 칭찬하실 것이라고 오해하기 쉽습니다. "내가 너희로 노력하지 아니한 것을 거두러 보내었노니 다른 사람들은 노력하였고 너희는 그들이 노력한 것에 참여하였느니라"(요 4:38)라는 말씀을 보면, 예수님은 거둔 사람보다도 씨 뿌린 사람의 노고를 더 알아주셨습니다. 때를 얻든지 못 얻든지 꾸준히 복음의 씨를 뿌리고 결과는 성령님께 맡기면 됩니다. 성령님께서 다른 성도를 통해 당신이 만났던 영혼의 구원의 여정을 인도해 가실 것입니다. 당신이 아주 작은 역할을 담당했다 하더라도, 천국에 갔을 때 주님은 당신의 수고로 천국에 온 사람들을 만나게 해 주실 것입니다. 천국에는 눈물이 없다지만, 당신의 부족한 전도가 그들이 천국에 오는 데 쓰임을 받은 것과 주님이 그 모든 것을 기억하신 것을 보고 당신은 감사와 기쁨의 눈물을 흘리게 될 것입니다.

전도에 쓰임 받지 못할 성도는 없습니다

전도를 힘들어하는 네 번째 이유는 경험과 훈련의

부족 때문입니다. 수영을 배우듯, 전도도 실제로 반복하여 경험하면 점점 익숙해집니다. 전도는 전도자가 일방적으로 말하거나 복음의 내용을 외워서 전달하는 것이 아닙니다. 주입식이 아니라 대화식이어야 합니다. 예수님도 사마리아 여인과 대화를 통해 전도하셨습니다. 전도는 공식보다 심장, 곧 마음과 진심으로 해야 합니다. 전도 대상자의 형편과 이해가 사람마다 다르므로 성령님의 인도하심에 민감해야 합니다. 훌륭한 의사가 환자의 병력(病歷)을 꼼꼼히 물어보듯, 전도자도 영적 의사로서 경청해야 바른 진단을 내리고 복음의 처방과 치료를 할 수 있을 것입니다.

특히 대화의 시작부터 성령님의 인도를 받아야 합니다. 나는 아덴에서 "아덴 사람들이여, 당신들은 범사에 종교심이 많군요"라는 칭찬으로 대화를 시작했습니다. 예수님은 사마리아 여인에게 "물 좀 주시겠습니까?" 하는 부탁으로 먼저 말을 거셨고, 빌립은 에디오피아 내시에게 "읽는 것을 깨닫습니까?"라는 질문으로 대화를 시작했습니다. 전도하려고 늘 기도하며 기회를 찾다가, 대상자를 만나면 먼저 친절하게 말을 거는 것이 중요합니다. 그 후에는 성령께서 자연스럽게 대화를 이끌어 주실 것입니다.

전도를 잘하고 싶다면 훈련을 받는 것도 좋습니다. 전할 복음의 내용, 효과적인 전도 방법, 간증을 나누며 전도하는 방법, 시청각 교재나 그림을 사용하여 전도하는 방법, 질문이나 논쟁을 다루는 방법 등을 미리 공부해 두면 도움이 됩니다. 그러나 모든 것을 다 배우고 전도하는 것이 아니라, 전도하면서 간간이 체계적 훈련도 겸하여 배워 가는 것입니다. 전도에 쓰임 받지 못할 성도는 없습니다. 아무리 경험이 없고 훈련받지 못했더라도 전도 일꾼이 부족하기 때문에 전도하려는 의지만 있다면 주님은 누구든 사용하십니다(마 9:37-38). 구원으로 인도하려는 뜨거운 마음만 있으면 됩니다. 전도는 말보다 눈빛으로 할 때 더 효과가 있기 때문입니다.

사마리아 여인은 예수님을 만난 후 동네로 뛰어 들어가 "와 보라"고 외쳤고, 그녀의 초대를 받은 마을 사람들은 예수님을 믿게 되었습니다(요 4:29-30, 39-42). 기쁨과 확신에 찬 권유는 큰 힘을 발휘했습니다. 또한 군대 귀신 들렸던 사람은 데가볼리(열 도시)를 다니며 전도했고,

눈을 뜬 맹인도 예수님의 소문을 온 땅에 퍼뜨렸습니다. 이들은 복음의 내용을 체계적으로 배우거나 전도 방법을 훈련받지 못했지만, 예수님을 만난 간증으로 전도를 멈추지 않았습니다.

당신도 전도의 기회를 달라고 기도하고, 사람을 찾아가 먼저 입을 열어 당신이 만난 예수님을 진솔하게 나누어 보십시오. 이렇게 일상에서 반복하다 보면 당당한 전도자가 될 것입니다. 전도한 이들을 돌보다 보면 제자 삼는 일꾼도 될 수 있습니다. 전도가 되지 않는 것이 문제가 아니라, 전도를 하지 않는 것이 문제입니다.

교회마다 전도대를!

전도가 힘든 다섯 번째 이유는 개인적으로 전도하려 하기 때문입니다. 혼자 전도하다 보면 중단하기는 쉽지만, 다시 시작하기는 매우 어렵다는 사실을 경험적으로 알게 될 것입니다. 살다 보면 부득이한 상황으로 인해 전도를 지속하지 못할 때가 있는데, 이런 경우가 반복되다 보면 다시 전도를 시작하는 것이 더욱 힘들어집니다. 나름 열심히 전도하고 훈련을 받았어도 전도를 쉬는 시간이 몇 달, 몇 년씩 길어지면서 오랫동안 전도하지 못하게 되는 경우가 있습니다.

이런 어려움을 극복하고 정규적으로 전도 활동을 지속하기 위해서는 다른 성도들과 함께 전도대를 구성하는 것이 좋습니다. 함께하면 서로 힘이 되고 책임도 생깁니다. 세 겹줄은 쉽게 끊어지지 않습니다. 나도 항상 다른 사람들과 함께 전도하러 다녔습니다.

전도는 하나님이 가장 기뻐하시는 일입니다. 예수님이 십자가와 부활로 이루신 구원의 기쁜 소식을 알리는 것은 필요하고 보람 있는 일입니다. 예수님을 믿는 자마다 영생을 얻는 것이 하나님의 뜻입니다(요 6:39-40). 반대로, 전도는 사탄이 가장 싫어하는 일이기도 합니다. 산헤드린 공회원들이 베드로와 요한을 위협하는 내용을 보면 사탄이 전도를 얼마나 싫어하는지 확연히 알 수 있습니다. 공회는 기도 모임이나 예배 모임, 성경 공부, 심지어 예수 믿는 것까지도 싫어했겠지만 강력히 금지하지는 않았습니다. 그들이 생명을 위협하며 반복하여 금지한 것은, 다시는 예수의 이름으로 말하거나, 전하거나, 가르치지 말라는 것이었습니다(행 4:17-18, 5:28, 40). 사도들은 보고 들은 것을 말하지 않을 수 없다고 맞섰고, 죽음의 위협 속에서도 날마다 예수는 그리스도라 가르치기와 전하기를 쉬지 않았습니다(행 4:20, 5:42). 전도는 영적 전쟁이기에 고난이 따릅니다. 하지만 복음과 함께 고난받는 것을 두려워하지 마십시오(딤후 1:8).

삶으로 보여 주는 전도

지금까지는 말로 전하는 전도에 대해 설명했습니다. 믿음은 들음에서 나고, 들음은 하나님의 말씀인 복음으로 말미암기 때문입니다. 하지만 전도에는 또 다른 방법도 있습니다. 바로 보여 주는 전도입니다. 눈썰미 있는 성도라면 내가 교회들에게 보낸 편지에서 열심히 전도하라고 직접적으로 당부한 내용이 거의 없다는 것을 알았을 것입니다. 디모데에게 "너는 말씀을 전파하라 때를 얻든지 못 얻든지 항상 힘쓰라", "전도자의 일을 하며 네 직무를 다하라"(딤후 4:2, 5)고 말한 것 외에는 사실 없습니다. 내가 개척한 교회의 성도들이 전도하기를 바랐던 것은 당연하지만, 전도하라는 직접적인 표현을 쓰지는 않았습니다. 대신 '복음에 합당하게 생활하라', '빛의 자녀들처럼 행하라' 등 삶으로 보여 주는 전도를 강조했습니다.

성경의 가르침을 삶 속에서 실천하려고 노력하십시오. 그러면 당신의 삶과 가치관과 성품이 자연스럽게 드러날 것이며, 그것이 곧 전도로 연결될 것입니다. 불신자들은 성경을 읽지 않습니다. 그들이 읽을 수 있는 유일한 성경은 바로 당신의 삶의 모습입니다. 부디 하나님 앞에서는 거룩하게, 성도들 사이에서는 사랑과 연합을 이루며, 불신자들에게는 선을 넘치게 행하십오. 믿음과 사랑과 거룩함에 거하십시오(딤전 2:15). 이렇게 사는 것이 성도의 본분일 뿐 아니라, 전도의 효과도 함께 가져옵니다(마 5:16; 살전 4:12; 벧전 3:15). 어떻게 보여 주는 전도를 할 수 있는가에 대해서는 3장, '그리스도의 복음에 합당하게 생활하십시오'의 내용을 참조하십시오.

내가 선교에 대해 거의 언급하지 않는다고 의아해

할 수도 있습니다. 사실 '선교'나 '선교사'라는 단어는 성경에 등장하지 않습니다. '전도'가 성경에서 중요한 개념입니다. 현대에는 외국이나 타 문화권에서 복음을 전하면 선교라 하고, 국내에서 복음을 전하면 전도라고 합니다. 하지만 중요한 것은 복음을 전하는 것이 선교의 핵심이 되어야 한다는 것입니다. 해외나 타 문화권에 있는 것보다 더 중요한 것은 얼마나 꾸준히, 열심히 전도하는가입니다. 매 주일 대표 기도자는 해외 선교사의 사역뿐 아니라 교회 주변에서 하는 전도 활동을 위해서도 빠뜨리지 말고 기도해야 할 것입니다.

전도하는 당신을 위한 기도

전도를 하다 보면 기도가 얼마나 필요한지 알게 됩니다. 사람들의 마음 문이 열리고 전도의 열매가 맺히도록 여러 사람에게 기도를 부탁하십시오. 어떤 기도 제목을 내야 하는지, 또 다른 전도자들과 선교사들을 위해 무엇을 기도하면 좋은지 내가 효과적인 전도를 위해 부탁했던 기도 제목을 가지고 설명하겠습니다.

또한 우리를 위하여 기도하되 하나님이 전도할 문을 우리에게 열어 주사 그리스도의 비밀을 말하게 하시기를 구하라 내가 이 일 때문에 매임을 당하였노라 그리하면 내가 마땅히 할 말로써 이 비밀을 나타내리라(골 4:3-4).

또 나를 위하여 구할 것은 내게 말씀을 주사 나로 입을 열어 복음의 비밀을 담대히 알리게 하옵소서 할 것이니(엡 6:19).

너희는 우리를 위하여 기도하기를 주의 말씀이 너희 가운데서와 같이 퍼져 나가 영광스럽게 되고 또한 우리를 부당하고 악한 사람들에게서 건지시옵소서 하라(살후 3:1-2).

이 기도 제목들의 공통점을 발견했을 것입니다. 어느 교회에 부탁하든, 내가 요청한 기도 제목은 모두 전도와 연결되어 있습니다. 그 공통분모는 바로 전도의 문이 열릴 것과 열렸을 때 내가 담대하고 분명하게 복음을 말할 수 있도록 기도해 달라는 것이었습니다. 건강이나 출

옥, 재정 공급, 핍박 중단을 위한 기도는 부탁하지 않았습니다. 효율적인 전도를 위한 기도 제목만 거의 유일하게 반복해서 요청했습니다. 당신도 전도하러 가기 전에 이 기도를 드리고 또 다른 사람에게 부탁하십시오. 다른 전도자들과 선교사들을 위해서도 이 제목으로 기도해 주십시오.

특히 선교사들은 대부분 문화와 언어와 기후와 음식이 다른 환경에서 복음을 전하고 있으므로 성도들의 기도가 필요합니다. 건강과 재정, 현지인과의 관계, 언어 습득, 자녀 교육, 비자 연장 등 다양한 필요를 위해 기도해야 하지만, 가장 중요한 것은 하나님께서 선교사에게 전도할 문을 열어 주시고, 그럴 때 선교사가 분명하고 담대하게 복음을 전할 수 있도록 기도하는 것입니다.

선교사들은 복음을 전하라고 파송받았기에 그리스도 예수의 복음을 전하는 것이 당연하면서도 가장 중요한 일입니다. 그러나 여러 가지 잡무와 인간관계, 영적인 대적과 훼방으로 인해 복음 전도가 뒷전으로 밀리기 쉽습니다. 그래서 전도를 우선적으로, 효과적으로 하도록 기도하면 그 기도의 응답으로 복음을 더 담대하고 분명하게 전할 수 있을 것입니다. 에베소와 골로새 성도들이 이 구체적인 기도 제목을 붙잡고 기도했기에 내가 총독들과 아그립바왕 앞에서도 전도할 문이 열렸고, 그때마다 담대히 복음을 전할 수 있었습니다(행 26:1-29).

담대히 전하라는 것은 무례히 전도하라는 말이 아닙니다. 오히려 겸손한 마음으로 부드럽고 인격적으로 복음을 전해야 합니다. 내가 전도하던 1세기와 마찬가지로 21세기도 종교다원화 시대입니다. 기독교는 교만한 교리를 가진 배타적인 종교로 보여 불신자들이 거부감을 가질 가능성이 큽니다. 기독교에만 구원의 참된 진리가 있다고 주장하고, 예수 그리스도만이 유일한 구원의 길이라고 선포하기 때문입니다(요 14:6; 행 4:12; 고전 8:4-6). 그러기에 더욱 겸손하고 온유하게 복음을 나누려고 노력해야 합니다.

한 영혼이 천하보다 귀합니다. 하나님께서 사랑하시고 구원하시기 위해 예수님께서 대신 피 흘려 주신 영혼입니다. 한 영혼이 주님께 돌아오면 천국에서는 기쁨의 잔치가 열린다고 하셨습니다. 예수님이 보실 때 세상에서 가장 소중하고 가치 있는 것은 구원받은 영혼입니다. 그래서 예수님이 다시 오시는 날, 그분은 구원받은 영혼만을 데려가십니다. 아름다운 자연 명소도, 화려한 궁전도, 웅장하고 높은 빌딩도, 진귀하고 값비싼 그 어떤 것도 가져가지 않으십니다. 그러니 영원한 것, 가장 소중한 것, 구원의 은혜가 필요한 영혼을 위해 사십시오. 전도가 하나님의 뜻이며(요 4:34, 6:39-40; 딤전 2:4), 예수님의 지상 명령입니다. 당신이 말로 들려주고 삶으로 보여 주는 전도를 통해 가족과 직장, 이웃과 땅 끝의 귀한 영혼들이 하나님이 주시는 영생의 선물을 받게 되길 기도합니다.

6

사랑의
예수 공동체를
세워 가십시오

로마에 세워진 성 바오로 대성당 내부

아름다운 건물을 세우는 것보다 더 중요한 것은 따뜻한 예수 공동체를 세우는 것입니다. 이 공동체는 예수 신앙과 성도 사랑과 이웃 섬김으로 세워집니다. "수고하고 무거운 짐 진 자들아 다 내게로 오라 내가 너희를 쉬게 하리라"(마 11:28)는 예수님의 초청을 받고 모인 사람들이 신앙적으로, 정신적으로, 경제적으로 쉴 수 있는 따뜻하고 편안한 곳이 되어야 합니다.

| 빌 2:3-5 |

아무 일에든지 다툼이나 허영으로 하지 말고 오직 겸손한 마음으로 각각 자기보다 남을 낫게 여기고 각각 자기 일을 돌볼뿐더러 또한 각각 다른 사람들의 일을 돌보아 나의 기쁨을 충만하게 하라 너희 안에 이 마음을 품으라 곧 그리스도 예수의 마음이니

하나님은 예수님을 통하여 하나의 새로운 사회를 구상하셨습니다. 하나님을 아버지로 모시고, 예수님을 주님으로 섬기며, 그분을 믿고 따르는 사람들로 구성된 가족 공동체입니다. 예수님의 구속의 은혜로 세상에서 불러내어 새로운 가치와 원리로 살아가는 사회였습니다. 세상 사회에는 차별이 많습니다. 인종, 국적, 신분, 계급, 성별, 직종, 직업, 재물, 세대, 이념, 종교에

따라 넘을 수 없는 벽이 있고, 서로를 비교하며 우월감과 열등감, 적대감이 존재하기도 합니다. 하나님은 이 모든 것을 뛰어넘는 평등한 사회를 세우고자 하셨습니다.

그래서 구원의 대상에 차별을 두지 않으셨습니다. 그 어떤 차이를 불문하고 "누구든지 주의 이름을 부르는 자는 구원을 받"게 하셨습니다(롬 1:16, 3:22, 10:13). 하나님이 온 인류를 당신의 형상을 따라 만드시고 사랑하셨기 때문입니다. 구원의 조건에도 차별을 없애셨습니다. 모든 사람이 동등하게 하나님의 은혜와 예수님을 믿음으로 구원을 받게 하셨습니다(롬 10:9-10; 엡 2:8-9). 복음은 믿는 모든 자에게 미치는 하나님의 의(義)이기 때문에 차별이 없습니다. 나는 이 구원의 원리에서 하나님이 사람을 외모로 취하지 않으시고, 모든 인간을 동등하게 대하신다는 진리를 깨달았습니다(롬 2:11; 갈 2:6; 엡 6:9).

차별 없는 동등한 공동체

내가 살던 시대에는 유대인과 이방인, 자유인과 노

예, 남자와 여자 사이의 차별이 특히 심했습니다. 그래서 로마서에서는 유대인과 이방인의 죄성의 동등성(롬 1:18-3:20), 칭의의 동등성(롬 3:21-4:25), 새로운 신분의 동등성(롬 5:1-8:39) 그리고 그들을 향한 하나님의 계획의 동등성(롬 9:1-11:36)을 논증했습니다. 유대인이나 이방인이나 차별이 없음을 강조하며, 이 동등성에 근거하여 서로 사랑하고 연합하라고 가르쳤습니다. 진정한 연합은 서로 동등함을 인식하고, 서로를 귀하게 여길 때 가능합니다. 이방 성도들도 율법을 지키거나 할례를 받아야 한다는 유대주의자들의 주장을 접하게 될 로마의 유대인과 이방인 성도들을 염두에 두고 이방인들이 예수님을 믿음으로 구원받은 것이 온전하고 충분하다고 옹호하며 이런 동등성을 강조한 것입니다.

내가 차별 없는 동등성을 로마서에서만 언급한 것은 아닙니다. 갈라디아 교회들에게도 "너희는 유대인이나 헬라인이나 종이나 자유인이나 남자나 여자나 다 그리스도 예수 안에서 하나"라고 선언했고, 골로새교회에도 "헬라인이나 유대인이나 할례파나 무할례파나 야만인이나 스구디아인이나 종이나 자유인이 차별이 있을 수 없"다고 확언했습니다. 고린도교회에도 "유대인이나 헬라인이나 종이나 자유인이나 다 한 성령으로 세례를 받아 한 몸이 되었고 또 다 한 성령을 마시게 하셨"다고 강조했습니다(갈 3:28; 골 3:11; 고전 12:13).

특히 에베소교회에 보낸 편지에서는 이방인 성도들과 유대인 성도들이 예수님의 십자가 죽으심으로 인해 그들을 가로막고 있던 율법의 중간 담이 허물어져 한 새 사람, 한 몸이 되었으므로 이제 동일한 시민이요, 하나님의 권속이 되었다고 자세히 설명했습니다(엡 2:11-22).

로마교회, 갈라디아 교회들, 골로새교회, 고린도교회, 에베소교회에 보낸 편지마다 그리스도 안에서는 어떤 차별도 없어야 한다고 강조한 것을 보면 내가 이 주제를 얼마나 중요하게 생각했는지 알 것입니다. 당신에게 보내는 이 편지에서도 차별 없이 동등한 예수 공동체를 세워 가라고 권면하는 것은, 당신도 이 원리를 삶에서 실천해야 하기 때문입니다.

내가 살던 당시에는 유대인과 이방인의 차별이 가장 첨예한 문제였기에 이 주제를 여러 편지에서 반복했습니다. 오래된 역사적, 신학적 배경으로 인해 유대인들은 선민의식을 가지고 이방인을 무시하고 외면했습니다. 반면 헬라인, 로마인, 애굽인 같은 강대국의 이방인들은 어처구니없는 선민의식에 사로잡힌 소수의 유대민족을 무시하며 힘으로 억눌렀습니다. 이런 역사적 배경을 가진 유대인들과 이방인들이 예수님을 믿고 교회 공동체 안에서 함께 생활하게 되었습니다. 그러나 오랜 고정관념 때문에 함께하는 것이 쉽지 않았습니다. 그래서 나는 이제 예수 안에서는 유대인과 이방인이 서로 다른 종족이 아니라 하나의 새로운 종족, 하나의 새로운 사람을 이루고 있음을 상기시켰습니다. 그 과정에서 믿는 사람이라면 유대인과 이방인 사이에 차별이 없이 동등하다는 것을 강조했습니다.

2천 년 전에 남자와 여자가 차별 없이 동등하다는 발언은 혁명적이었습니다. 내가 브리스길라의 이름을 남편 아굴라보다 앞에 둔 것은 아내의 헌신과 사역이 남편보다 월등했기 때문입니다. 유니아를 남편 안드로니고와 함께 사도들 중에서(en tois apostolois) 존중받는 사도로 인정한 것도 그녀의 역할이 사도로서 손색이 없었기 때문입니다(롬 16:7). 빌레몬에게는 도망친 오네시

모를 돌려보내면서 그가 예수님을 믿었으니 노예로 대하지 말고 사랑받는 형제로 영접하라고 권면했습니다 (몬 1:8-18). "주 안에서 부르심을 받은 자는 종이라도 주께 속한 자유인"이고(고전 7:22), 내가 오네시모를 그렇게 대했기 때문입니다. 가난한 사람을 차별하거나 업신여기는 것도 죄입니다. 오히려 입히고 먹여 주며, 겸손하고 너그러운 마음을 가져야 합니다(약 2:1-9; 딤전 6:18).

이런 가르침은 기독 신앙이 갖는 독특하고도 혁명적인 메시지였습니다. 일반 사회와는 철저히 구분되는 특성이었습니다. 누구든지 주의 이름을 부르는 자는 구원을 얻는다는 복음에서 나는 모든 인간이 동등함을 인지했습니다. 인종과 국적, 성별, 신분, 종교, 장애 여부를 불문하고 모든 사람이 차별 없이 동등한 사회가 예수 그리스도의 복음으로 가능하다고 확신했습니다. 성도들은 그리스도 안에서 모두가 동등하다는 사실을 인식하고 삶에서 실천해 나가야 합니다.

나는 이것을 예수님으로부터 배웠습니다. 예수님은 모든 사람이 구원에 이르기를 바라서서 모든 사람을 위해 죽으셨고, 누구든지 구원을 받을 수 있도록 믿음으

로 구원받는 조건을 제시하셨습니다. 이 땅에 계실 때에
도 사람을 동등하게 대하셨습니다. 일반인들이 무시하
고 기피하는 세리, 한센병 환자, 죄인, 장애인, 창녀들을
진심으로 사랑하고 가까이하셨으며, 식사도 함께하셨습
니다. 어린아이들도 귀하게 여기셨습니다. 하나님은 외
모로 사람을 평가하거나 편애하지 않으십니다(삼상 16:7;
롬 2:11; 갈 2:6; 엡 6:9). 겉으로 드러나는 신분, 학벌, 지위,
미모, 재력 같은 외적인 조건이 아니라 인격과 신앙심,
동기, 신실함 같은 내면을 보십니다. 우리도 하나님의
안목으로 서로를 바라보아야 합니다.

교파, 교단, 대형 교회, 작은 교회, 미자립 교회를 구
분하며 목회자와 성도들을 차별하는 일이 없어야 합니
다. 직분과 은사, 봉사와 헌금 액수를 자랑으로 삼아 남
을 무시하거나 차별하지도 말아야 합니다. 또한 교회 안
에서 세상적 지위, 직업, 재정 형편, 출신 지역, 정치 성
향, 학력, 학벌, 직위에 따라 차별하는 일도 있어서는 안
됩니다. 피부색이 다른 다민족 성도를 내려다보거나 백
인 성도를 올려다보는 경향도 없어야 합니다. 권력자나
유명인에게는 지나칠 정도로 친절하고 아랫사람이나 약

자에게는 거만하게 대하는 것도 옳지 않습니다. 하나님은 모든 사람을 동일하게 사랑하시며, 예수님의 십자가 고난과 부활은 모든 사람을 위한 것이기 때문입니다.

차별하지 말라는 것은 자신이 남보다 더 우월한 자리에 있다고 생각하는 사람에게 더욱 적용됩니다. 남보다 나은 입지에 있다고 생각한다면 그렇지 못한 사람을 무시하지 말고, 오히려 친절하고 존귀하게 대접하라는 뜻입니다. 인정이나 대접을 받을 만한 어떤 자격이나 성취가 있다면 스스로 내세우지 말아야 하며, 좋은 학벌이나 경력, 학위, 배경이 있다면 없는 것처럼 여기고 엘리트 의식을 내려놓는 것이 좋습니다. 그러면서도 남에게 그런 것이 있으면 기꺼이 인정해 주는 것이 겸손입니다. 자신이 이루었거나 가진 것을 자랑하지 말아야 합니다. 나는 육신으로 자랑할 것이 있긴 했지만, 오히려 배설물로 여겼습니다(고후 11:18; 빌 3:5-8). 굳이 자랑해야 할 때는 나의 약한 것을 자랑했습니다(고후 11:30, 12:5). 자랑할 것이 있다 해도 자신을 내세우는 것은 삼가야 합니다(고전 1:31; 고후 10:17). 심지어 받은 구원도 행위로 얻은 듯 자랑해서는 안 됩니다(롬 3:27, 4:2; 엡 2:9). 자신이나 가족

을 자랑하는 것은 어리석은 일이고, 공동체에 유익을 주
지 못합니다.

　　남보다 부족한 자리에 있는 그리스도인들은 열등감
을 갖거나 주눅이 들 필요가 없습니다. 하나님의 사랑받
는 자가 되었기 때문입니다. 그렇다고 해서 누구에게나
동등을 주장하며 무례하거나 방종해도 된다는 뜻은 아
닙니다. 남편과 아내, 부모와 자녀, 주인과 종에게는 각
자의 구분과 의무가 있습니다. 서로를 귀히 여겨야 합니
다. 이방인은 유대인에게 영적으로 빚진 자들입니다. 구
원이 유대인에게서 나기 때문입니다(롬 15:27; 요 4:22). 남
자가 여자를 귀히 여겨야 하는 것은 여자가 연약한 그릇
일 뿐 아니라, 남자가 여자에게서 났기 때문입니다. 또
여자도 하나님의 형상으로 지음을 받았고 예수 공동체
안에서 여성의 역할이 크기 때문입니다.

　　그리스도인 직원들은 "두려워하고 떨며 성실한 마
음으로 육체의 상전에게 순종하기를 그리스도께 하듯"
해야 합니다. "믿는 상전이 있는 자들은 그 상전을 형제
라고 가볍게 여기지 말고 더 잘 섬겨야 합니다"(엡 6:5-9;
골 3:22-23; 딤전 6:2). 차이를 무시하거나 방종해도 된다는

뜻이 아닙니다. 사회나 교회에는 엄연히 차이가 있습니다. 그 차이는 연령, 성별, 신분, 직책, 재물, 건강, 학식, 학벌, 경험, 지혜, 인격, 능력, 역할 등 다양합니다. 남이 우리를 차별 없이 대해 주고 사람대접을 해 주면 당연하게 여길 것이 아니라, 오히려 감사한 마음으로 더 주께 하듯 섬겨야 합니다. 차이는 차별의 이유가 될 수 없으며, 동등은 서로의 존중을 전제로 하기 때문입니다. 이 원리는 모두에게 적용됩니다.

교회에서 목회자들과 직분상 지도자들에게 동등하다며 함부로 대하는 것도 옳지 않습니다. 나 역시 1차, 2차 예루살렘 공회에서 사도들의 리더십을 존중했고, 그들의 조언과 결정을 받아들였습니다(행 15장, 21:17-26). 성도들은 담임 목회자를 비롯한 지도부가 겸손하려는 만큼 그들을 존경해야 합니다. 목회자가 돈에 초연하려 하는 만큼 성도들도 인색하거나 컨트롤하려 하지 말고 최선을 다하는 모습을 보여야 합니다.

차별을 없애고 동등하고 공정한 사회를 만드는 것은 법으로 규제한다고 온전히 실현되는 것이 아닙니다. 법이 가이드라인은 줄 수 있지만, 따뜻한 사회를 가져다 주지는 못합니다. 차별을 금지하는 법은 또 다른 역차별을 가져오고, 사회는 오히려 혼란과 분열이 심해질 수 있습니다. 사회적 약자들이 바라는 것도 그들을 차별한 사람이 벌을 받는 것보다, 자신들이 일상에서 사람대접을 받는 것이기 때문입니다. 진정으로 차별 없는 동등한 사회는 예수님의 모본과 성경의 가르침을 따라 살 때 가능합니다. 이는 성경의 가르침을 따르는 예수 공동체 안에서 실현될 수 있고, 그 영향력으로 사회를 변화시킬 수 있습니다.

일부 기독 정치인들은 정치적 생명을 걸고 노예 무역과 노예 제도를 폐지하기 위해 투쟁했습니다. 그들은 흑인 노예들도 하나님의 형상을 따라 지음을 받은 피조물로서 백인들과 같은 자유를 누릴 권리가 있다고 믿었습니다. 오랜 투쟁 끝에 노예 무역과 노예 제도가 법적으로 폐지된 것은 귀한 성취였습니다. 그럼에도 불구하고 아직까지 사람들의 인식과 현실에는 차별이 많습니다. 신분의 차별이 극심한 종교나 문화권이 지금도 존재합니다. 기독 공동체뿐 아니라 사회의 여러 영역에서 평등과 동등을 인정하고, 편견과 차별 없는 사회를 이루어야 할 책임이 그리스도인들에게 있습니다. 예수 안에 차별 없는 동등한 사회를 구현할 혁명적 정신과 원리가 있기 때문입니다. 그리스도인으로서 이 원리를 실천하십시오.

남을 나보다 낮게 여기십시오

모든 성도가 동등하다고 인식하고 그렇게 대하는 것은 훌륭한 모습입니다. 그러나 성도들을 동등하게 대하는 차원에서 한 걸음 더 나아가야 합니다. 바로 남을 자신보다 낮게 여기는 차원입니다(빌 2:3-4). 이것이 겸손과 연합으로 아름다운 예수 공동체를 함께 세워 가는 길입니다. 나는 빌립보교회에 이 원리를 가르쳤습니다. 빌립보교회는 내게 특별한 교회로, 그들을 생각할 때마다 기쁨이 넘쳤고, 하나님께 감사를 드렸습니다.

그럼에도 불구하고 이 교회가 더 아름답고 성숙하게 유지되기 위해 꼭 필요한 한 가지 요소를 강조했습니다. 바로 사랑과 연합입니다. 이것이 복음에 합당하게 사는 데 있어 중요한 원리이기 때문입니다. 그래서 교회 생활 전반에서 마음을 같이하고, 같은 사랑을 가지며, 한뜻으로 합하고 한마음을 품으라고 강조했습니다. 이 사랑과 연합의 의미를 더 확실히 하기 위해 그 반대되는 행동도 언급했습니다. 즉, 신앙생활을 다툼이나 허영으로 하지 말라고 당부했습니다. 다툼은 자기주장을 강하게 펼때 나오고, 자기 영광을 구하는 허영에서 비롯됩니다.

대신, 교회 공동체는 겸손을 통해 연합을 이루어야 합니다. 겸손은 자기보다 남을 낮게 여기고, 자기 일뿐 아니라 남의 일까지도 돌아보는 것입니다. 사실 세상적으로는 누가 낫고 누가 조금 못한가가 보일 수 있습니다. 신분, 경제적 형편, 지혜, 인격, 건강, 미모, 능력, 학벌 등에서 차이가 있습니다. 그럼에도 불구하고 교회 공동체 안에서는 비교하거나 경쟁하여 우월감을 갖지 말고, 오히려 남을 자신보다 낮게 여겨야 합니다. 그 사람속에 계시는 그리스도를 보고 그분을 모신 형제를 귀하게 여겨야 합니다. 형제를 빚어 가시는 주님의 손길을 기다려야 합니다. 교회에서 무시와 비판과 판단은 금물입니다. 지혜로 분별할 수는 있어도, 비판은 자신을 우

월하게 여기고 남을 열등하게 생각하는 결과이므로 죄
가 됩니다. 남을 자신보다 낮게 여길 때, 진정한 사랑과
연합으로 아름다운 예수 공동체를 세울 수 있습니다.

다양성 속에서 통일성을 이룰 때 교회에는 생명의
활력소가 넘치게 됩니다. 서로 다른 배경, 은사, 해석이
있을 수 있지만, 예수님에 대한 같은 신앙고백과 세상에
복음을 전해야 한다는 같은 사명 때문에 자신의 생각을
다른 사람의 것과 조율하고, 좋은 의미로 타협하며, 평안
과 사랑을 유지하는 것이 연합입니다. 내부적으로 연합
되면 외부로부터 오는 그 어떤 박해와 공격도 이겨 낼 수
있고, 그리스도의 향기를 드러내어 이웃의 칭송을 듣게
될 것입니다. 숫자가 적더라도 큰일을 할 수 있습니다.

남을 비판하지 마십시오

로마교회에 강하게 경고했던 것처럼, 믿음이 연약
한 자나 사역자를 비판하는 일을 삼가야 합니다. 비판은
업신여기고 시기하는 마음에서 나옵니다. 남을 비판하

는 것은 주님의 하인을 비판하는 것이니 결국 그 주인을 비판하는 것이고, 비판하는 자신 역시 하나님의 심판대 앞에 서서 자신이 한 일을 하나님께 직고하게 될 것입니다(롬 14:1-13; 고전 4:5; 고후 5:10).

예수님의 삶에서 중요한 가르침 하나를 발견할 수 있습니다. 주님은 남을 비난하거나 비방하는 사람의 편에 서지 않고 오히려 비판받는 사람을 옹호하셨다는 것입니다. 심지어 비판받는 사람이 잘못한 경우에도 주님은 그 사람의 편에 서곤 하셨습니다. 제자들이 금식하지 않는다고 바리새인들이 비난했을 때, 안식일에 밀밭에서 이삭을 잘라 먹는 것을 보고 비판했을 때도 예수님은 제자들을 옹호하시며 긴 설명으로 바리새인들을 나무라셨습니다(막 2:18-28). 제자들이 손을 씻지 않고 음식을 먹는 것을 보고 비난했을 때에도, 바리새인들이 오히려 하나님의 말씀을 어기고 사람의 전통만 지킨다고 지적하시며 무엇이 진정으로 부정한 것인지, 비난하는 사람들 속에 어떤 더러운 죄악이 있는지 조목조목 설명하셨습니다(막 7:1-23). 왜 이 향유를 허비하느냐, 왜 세리와 죄인들과 같이 먹느냐고 비난할 때도 예수님은 비난받는 사람을 옹호하셨고, 비판하는 사람을 나무라셨습니다. 심지어 간음하다 현장에서 끌려온 여인을 죽이겠다고 돌을 든 사람들 앞에서도 주님은 여인 편에 서셨고, 비난하는 자들에게 그들의 잘못을 먼저 보게 하셨습니다 (막 2:15-17; 요 8:3-11, 12:4-8). 주님은 비판하는 사람의 마음과 행위를 아시기 때문입니다. 예수님은 말씀하셨습니다.

비판을 받지 아니하려거든 비판하지 말라 너희가 비판하는 그 비판으로 너희가 비판을 받을 것이요 너희가 헤아리는 그 헤아림으로 너희가 헤아림을 받을 것이니라 어찌하여 형제의 눈 속에 있는 티는 보고 네 눈 속에 있는 들보는 깨닫지 못하느냐(마 7:1-3).

주님은 비판하는 자에게 더 큰 비판받을 일이 있다고 단정하셨고, 남을 비판하는 사람을 외식하는 자라고 확언하셨습니다. 이런 예수님의 모습을 보면서, 우리가 남을 비판하면 주님은 그 사람의 잘잘못을 떠나 비난받는 사람을 옹호하시고 우리 편에 서지 않으신다는 사실을 깨달아야 합니다. 그럴 만한 자격이 없으면서 남을 비판하기 때문입니다.

그러므로 교회 안에서 형제를 비방하는 일은 절대로 삼가기 바랍니다(약 4:12). 독이 든 아첨도 입 밖에 내지 말아야 하며, 혀를 재갈 물려야 합니다(약 1:26; 잠 18:7-8; 롬 3:13-14). 만약 비판을 받는 입장이라면 즉각 변명하거나 흥분하기보다는, 체포되신 후 대제사장과 빌라도 앞에서 침묵하셨던 예수님을 본받아 침묵을 지키는 것이 우선 필요합니다(마 26:62-63, 27:11-14). 비판받을 때 어떻게 반응하는지가 당신의 성숙도를 나타냅니다.

상호 의존적 교회 공동체

교회 공동체에서 서로를 동등하게 여길 뿐 아니라, 남을 자신보다 낮게 여기고 비판하기보다 겸손하게 기다려 주어야 하는 이유는 우리가 한 몸과 같은 유기체에 속해 있기 때문입니다. 이 특별한 공동체에 사랑이 넘치게 하려면, 서로를 비교하며 거만해지거나 스스로를 작게 느껴 소속감을 잃는 일이 없어야 합니다. 교회의 모습에 대해서는 고린도교회에 가장 많이 언급했습니다. 그 교회가 다른 교회보다 문제가 많았기 때문입니다. 심각한 죄를 비롯하여 많은 문제가 있음에도 불구하고 나는 그들을 "하나님의 교회 곧 그리스도 예수 안에서 거룩하여지고 성도라 부르심을 받은 자들"이라고 확언해 주었습니다(고전 1:2; 고후 1:1). 교회는 서로 다른 여러 지체가 모여 한 몸을 이룬 공동체임을 가르쳤습니다.

　내가 교회를 사람의 몸에 비유한 것은 모든 지체가 다 중요하고 서로 의존되어 있다는 공통점 때문입니다. 몸에서는 모든 지체가 소중할 뿐 아니라, 필수 불가결합니다. 필요하지 않은 지체는 하나도 없고, 모든 지체는 서로를 필요로 하며 서로에 의존합니다. 우리 몸에서는 약하게 보이는 지체가 도리어 요긴하고, 덜 귀하게 여기는 지체를 더욱 귀한 것들로 입혀 주며, 아름답지 못한 지체는 더욱 아름다운 것으로 덮어 줍니다(고전 12:12-27).

　마찬가지로 교회에서도 모든 성도가 다 필요하고, 서로에게 의존해야 하며, 서로를 도와야 합니다. 교회에서 귀하게 보이거나 중요한 직분을 가진 성도보다 약하고 덜 귀해 보이는 성도를 오히려 더 아름답게 대해 주어야 합니다. 대신 직분이 높은 성도는 대접받을 기대를 하지 말아야 합니다. 고린도교회에 편지한 것처럼 "내가 너를 쓸 데가 없다" 하며 다른 성도를 무시하거나 배척하는 일은 절대로 없어야 합니다. 불필요하거나 중요하지 않은 성도는 하나도 없습니다. 각자 자신의 역할에 충실하고 다른 지체의 도움에 감사할 뿐이지, 서로를 비교하며 우월감을 드러내거나 열등한 마음을 가질 필요가 없습니다. 성도는 상호 의존적 존재임을 인식하고 서로 협력하는 공동체를 형성해야 합니다. 하나님은 우리를 상호 의존적일 뿐 아니라, 서로 도움을 주고받는 몸과 같은 유기체로 만드셨습니다.

오케스트라에서 아무리 짧게 연주하더라도 모든 악기가 빠짐없이 중요한 것과 같습니다. 우리는 솔리스트보다는 상호 보완적으로 협연하는 오케스트라로 부름을 받았습니다. 오케스트라 연주자에게 중요한 것은 전체의 하모니를 위해 다른 연주자의 소리에 귀를 기울이고, 자신의 소리를 절제하며 전체에 맞추는 일입니다.

지휘자 없이 최고의 음악을 연주하는 오케스트라도

있습니다. 이들은 곡 선정에서부터 곡 해석과 연주까지 모든 단원이 동등한 위치에서 의견을 낼 수 있으며, 유명한 연주자의 의견보다 설득력 있는 대화를 더 존중합니다. 동의하지 않는 의견일수록 더욱 경청하고 배우려는 자세를 갖기 때문에 지휘자 없이도 좋은 연주가 가능한 것입니다.

우리도 모두 소속감을 갖고 적극적으로 교회를 세우는 일에 참여해야 합니다. 하나님은 성도들이 교회의 부족한 지체에게 귀중함을 더하여 교회 안에 분쟁이 없고 서로 돌보기를 원하십니다(고전 12:12-30). 이 원리가 삶 가운데 실현될 때, 교회가 세상과는 확연히 다른 모습을 드러내며 세상의 관심과 칭송을 받게 될 것입니다. 예수님은 모든 구분과 다름을 초월한 한 공동체, 아니 아예 '한 새사람'을 만들려고 계획하셨습니다.

교회 공동체 안에는 사도, 선지자, 목사, 장로, 집사 같은 직책을 가진 이들뿐 아니라 목회, 설교, 상담, 교육, 찬양, 행정, 전도, 기도, 헌금, 방송, 각종 봉사 같은 다양한 은사와 역할로 섬기는 성도들이 있습니다. 모든 성도가 다 같은 은사를 가진 것은 아닙니다. 모두가 사도나

선지자, 교사, 능력 행하는 자, 병 고치는 자, 방언을 말하는 자, 통역하는 자가 될 수는 없으며, 그것이 당연합니다(고전 12:28-30; 롬 12:4-8). 서로 은사를 비교하여 우월감이나 열등감을 갖는 것은 잘못된 일입니다. 눈에 띄는 재능을 가진 사람은 겸손히 주님과 교회의 유익을 위해 그 은사를 사용해야 하고, 그렇지 못한 사람도 굳이 열등감을 가질 필요가 없습니다. 어느 은사가 더 낫거나 못한 것이 아니라, 모두가 필요하고 소중한 구성원임을 알고 서로를 그렇게 대해 주어야 합니다.

교회 안에서 은사를 활용할 때는 질서와 상호 존중이 필수적입니다. 필요에 따라 은사가 나타나면 겸손하게 사용할 뿐, 신앙의 어떤 경지에 이른 듯 과시하거나 그런 은사가 없는 성도를 무시해서는 안 됩니다. 주님께서 모두에게 같은 은사를 주시지 않기 때문입니다. 나는 모든 사람보다 방언을 많이 했지만, 남을 가르치기 위하여 깨달은 마음으로 다섯 마디 말하는 것이 일만 마디 방언으로 말하는 것보다 낫다고 말했습니다(고전 14:1-5, 18-19). 방언을 지나치게 강조하거나 금해서도 안 되고, 방언하지 못하는 자를 무시해서도 안 됩니다(고전 12:30).

방언에는 통역이 있어야 하고, 예언의 말씀이 있을 때는 분별해야 합니다. 어떤 은사든지 교회의 유익과 덕을 세우기 위해, 사랑과 겸손한 마음으로 품위 있고 질서 있게 사용해야 합니다(고전 14:19-20, 26, 39-40).

모든 성도가 다 가질 수 있고 사모해야 할 가장 크고 좋은 은사는 바로 사랑입니다(고전 12:31). 그래서 고린도전서 13장 전체를 할애하여 사랑에 대해 가르쳤습니다. 사랑의 중요한 정신은 남을 배려하는 것입니다. 우상에게 제사한 음식을 먹을 수 있다 해도, 그것이 다른 사람을 실족하게 한다면 그를 배려하여 영원히 고기를 먹지 않는 것이 낫습니다(고전 8:13). 모든 것이 가능하나 모든 것이 덕을 세우는 것은 아니므로 남의 유익을 위해 절제할 수 있어야 합니다. 우리의 자유가 믿음이 약한 자에게 걸려 넘어지게 하는 거침돌이 되어서는 안 됩니다(고전 8:9, 10:24). "우리 각 사람이 이웃을 기쁘게 하되 선을 이루고 덕을 세우도록" 노력해야 합니다(롬 15:2). 남을 배려하는 것이 사랑이고 성숙입니다.

교회는 완벽한 자들의 모임이 아니라, 수고하고 무거운 짐 진 자들이 예수님의 초대를 받아 모인 공동체입니다. 연약한 자들과 가난한 자들도 복음을 듣고 예수님을 믿어 함께 모였습니다. 교회는 이런 사람들이 위로받고 사람대접을 받는 곳이어야 합니다. 주님은 상한 갈대를 꺾지 않으시고, 꺼져 가는 심지를 끄지 않으시는 분입니다. 상한 갈대, 꺼져 가는 심지 같은 사람들이 교회에 오면 성도들의 따뜻한 손길로 상처가 치유되고 상황이 반전되는 역사가 있어야 합니다.

교회는 예수님이 세우신 기관이며, 예수님이 머리로 계시는 몸입니다. 예수님의 보혈로 정결하게 된 그리스도의 신부이며, 구속받아 입양된 하나님의 자녀들이 모인 가족 공동체입니다. 또 이 땅에서 하나님의 사랑과 가치와 기준을 실천하여 세상에 전하고 보여 줄 선교 공동체입니다. 모든 성도가 여러 영역에서 서로 차이가 있음에도 불구하고 서로를 동등하게, 더 나아가 남을 더 낫게 여기며 주님을 예배하고, 서로를 섬기고, 불신 이웃에게 선을 행할 모든 요소가 이 공동체 안에 있습니다. 지역 교회가 세상의 소망입니다. 이 원리를 실천하여 아름다운 사랑의 예수 공동체를 세울 뿐 아니라 사회도 변화시켜 가는 은혜가 넘치길 기도합니다.

주 안에서 사랑하는 성도님!

예수님의 위대하심과 영광스러움은 다 표현할 수 없습니다. 우리를 먼저 사랑하셔서 자신을 내어 주신 그분의 사랑은 다 이해할 수 없는 신비입니다. 그저 감격하며 감사드릴 뿐입니다. 예수님을 알고 믿는 것만으로는 충분하지 않습니다. 그분을 경외하고 경배하며 가르침을 따라 살고, 어떻게 우리의 삶과 사회를 변화시킬 것인가를 늘 생각해야 합니다. 예수님의 성품과 가치를 본받아 실천하며, 주님을 기쁘시게 할 생각과 일로 영광을 돌리는 삶을 살고자 애써야 합니다(고후 5:9). "그 아들의 형상을 본받"는 것이 우리의 목표여야 하기 때문입니다 (롬 8:29). 삶을 주님께 드리고 순종하는 삶을 살려고 노력하는 것이 주님이 주신 은혜와 사랑에 조금이나마 보답하는 길일 것입니다.

이 편지에서 예수님의 가르침을 많이 언급한 것도 나의 가르침보다 예수님의 가르침이 당연히 더 중요하기 때문입니다. "주는 그리스도시요 살아 계신 하나님의 아들"이라는 신앙고백을 받으신 후 예수님은 "내가 … 내 교회를 세우리니"라고 처음 말씀하셨습니다. 이어서 비로소 처음으로 당신의 고난과 부활에 대해 말씀하셨습니다. 십자가와 부활로 당신의 교회를 세우시겠다는 말씀이었습니다. 이어서 "누구든지 나를 따라오려거든 자기를 부인하고 자기 십자가를 지고 나를 따"르라 하셨습니다(마 16:15-24). 교회는 주님이 지신 십자가로 세워지고, 우리가 지는 십자가로 확장되어 갑니다. 우리는 병이 낫고 만사형통하기 위해 주님을 따르는 것이 아닙니다.

십자가는 자기희생의 상징입니다. 현대 성도들이 져야 할 십자가는 무엇일까요? 어느 나라, 어떤 형편에서 사는가에 따라 져야 할 십자가의 성격이 다를 수 있습니다. 기독 신앙을 가차 없이 부정하고 박해하는 나라에 사는 성도들에게는 고난과 위험을 감수하며 신앙을 지키는 것이 십자가일 것입니다. 세속화와 다원주의가 팽

배한 문화권에 사는 성도들에게는 복음주의 신앙을 고백하고 선포할 때 당하는 불이익이 십자가일 수 있습니다. 황금만능주의가 지배하는 사회에서 살아가는 성도에게는 가진 것을 누리기보다 근검절약하며 사는 삶이 십자가일 수 있습니다. 중산층을 향해 달려가는 시대정신을 거부하고, 넉넉하지 않더라도 가진 것을 가난하고 필요한 이웃에게 나누어 주는 삶, 스스로 재정적 어려움과 불확실성을 감수하면서도 오히려 감사하고 자유롭게 사는 삶이 십자가를 지고 주님을 따르는 모습일 것입니다. 스스로 재정적 불확실성이라는 십자가를 지면서 아낀 돈을 가난한 자들을 돕고 전도와 선교를 위해 사용하는 것도 생각해 볼 수 있습니다.

베드로처럼 "제가 주님을 사랑합니다. 제가 주님을 사랑하는 줄 주께서 아십니다" 하고 말할 수 있어야 합니다. 그리스도를 변함없이 사랑하는 자에게 은혜가 있을 것입니다(엡 6:24). 당신의 모든 신앙과 생활은 예수님을 사랑하는 데서 나와야 합니다. 하나님의 영이 온 땅을 두루 감찰하사 전심으로 자기에게 향하는 자들을 위하여 길을 내시고 능력을 베푸십니다(대하 16:9). 복음은 구원의 원리나 시스템이 아닌 예수님 자신입니다. 주님을 깊이 알아 가고 가까이 따라가며 그분의 음성을 듣고, 그분이 원하시는 삶과 사역을 이루어 가십시오. 성경을 사랑하고 예배, 기도, 전도, 교제, 봉사, 구제 같은 신앙생활의 기본에 충실하기 바랍니다.

이 편지를 받는 계기로 새로운 삶을 살게 되길 축복합니다. 이미 열심히 달려왔다면 더 큰 믿음의 순도와 속도로 주님의 품을 향해 달려가기 바랍니다. 부족하게 살아왔다면 첫사랑을 회복하고 주님이 주시는 또 한 번의 기회를 선용하기 바랍니다. 예수님을 위해 살겠다고 결단하십시오. 주님을 향한 갈망, 복음 진리를 향한 열망, 잃어버린 영혼들을 향한 열정을 품고 추구해 가십시오. 그리하여 하나님을 향한 당신과 교회의 믿음의 소문이 온 세상에 전파되게 하십시오(롬 1:8; 살전 1:8).

그가 모든 사람을 대신하여 죽으심은 살아 있는 자들로 하여금 다시는 그들 자신을 위하여 살지 않고 오직 그들을 대신하여 죽었다가 다시 살아나신 이를 위하여 살게 하려 함이라(고후 5:15).

이제 내가 육체 가운데 사는 것은 나를 사랑하사 나를 위하여 자기 자신을 버리신 하나님의 아들을 믿는 믿음 안에서 사는 것이라(갈 2:20).

이 세대를 본받지 말고, 더욱 예리해진 예수 중심의 인생관과 가치관으로 살아가십시오. 그것이 하나님의 영광을 위해 사는 것이요, 당신이 드릴 영적 예배입니다(롬 12:1-2). 혹 가진 것이 없어도 당신의 삶은 풍성할 것입니다. 하나님의 일하심을 가까이서 보며 사는 축복을 누릴 것입니다. 당신이 상급을 받으려고 일하지는 않겠지만, 하나님은 당신의 기도와 노고와 눈물과 헌신을 기억하실 것입니다. 영광의 구주 예수님을 더욱 사랑하십시오.

묵상과 나눔

1장

믿고 확신하는 일에 거하십시오

1. 우리가 믿음 안에 있는지를 점검하고 확증하는 것은 왜 필요
   합니까?

2. 언제, 어떻게 예수님을 구주로 고백하고 영접했는지 돌아보
   고 나누어 봅시다.

3. 예수님을 믿고 영접한 후 당신의 영적 모습은 어떻게 변했
   습니까?

4. 예수님을 통해 우리를 구원하신 하나님의 사랑을 묵상하고
   나누어 봅시다.

5. 어떻게 복음을 계속 확신하며 구원의 감격과 감사를 유지할
   수 있을까요?

2장

그리스도의 장성한 분량까지 자라 가십시오

1. 예수님을 믿은 후 당신의 모습과 가치관에는 어떤 변화가 생겼습니까?

2. 예수님의 제자로서 자라 가면서 부족한 부분은 무엇입니까? 그것을 어떻게 채울 수 있을까요?

3. 말씀, 믿음, 인격, 성품에서 자라 가려면 어떻게 해야 할까요?

4. 영적 성장을 위해 말씀과 기도에 어떻게 집중할 수 있을까요?

5. 참 포도나무인 예수님께 붙어 있어야 자라 갈 수 있다 하셨는데(요 15:1-8), 이것은 무엇을 의미합니까?

| **3**장 |

그리스도의 복음에 합당하게 생활하십시오

---

1. 바울은 믿음을, 야고보는 행함을 강조하게 된 배경은 무엇입니까? 어떻게 믿음과 행함의 조화를 이룰 수 있을까요?

2. 예수님을 믿고 난 후 인생관과 가치관이 어떻게 바뀌었습니까?

3. "주님, 제가 주님을 위하여 무엇을 하리이까?" 여쭙고 받은 당신의 맞춤형 과업은 무엇입니까? 어떻게 이 과업을 이루어 가겠습니까?

4. 교회 안에서 사랑과 연합의 공동체를 이루어 가려면 어떻게 해야 할까요?

5. 그리스도인에게 선행과 거룩은 왜, 얼마나 중요합니까?

4장

드러나지 않는 작은 일에도 충실하십시오

---

1. 바울을 도와 함께 사역했던 성도들의 이야기를 읽으면서 어떤 생각이 들었습니까?

2. 무명의 영웅으로 불린 성도들의 역할이 왜 귀하게 생각됩니까?

3. 이 성도들은 어떤 마음을 가졌기에 주어지는 역할을 기꺼이 감당했을까요?

4. 교회에서 보다 적극적으로 찾아서 참여할 일에는 어떤 것이 있을까요?

5. 어떻게 하면 익명의 종교인이 되지 않고 능동적인 예수의 제자가 될 수 있을까요?

5장

최고의 선물, 복음을 나누어 주십시오

---

1. 예수님의 초림, 공생애, 죽음, 부활, 재림이 모두 전도와 직결되어 있다는 말씀의 의미와 중요성은 무엇이라 생각합니까?

2. 전도와 선교가 신약성경 전체에 흐르는 맥이요, 중심축이라면 당신의 신앙생활에는 어떤 변화를 가져와야 할 것 같습니까?

3. 전도하다가 거절당한 경험과 그때의 느낌을 나누어 봅시다. 앞으로는 거절당할 때 어떤 관점을 갖겠습니까?

4. 전도에 대해 바른 이해를 갖게 된 것이 있다면 무엇입니까?

5. '전도에 실패는 없다, 전도에 쓰임 받지 못할 성도는 없다'는 말이 어떤 의미로 다가옵니까?

6장

사랑의 예수 공동체를 세워 가십시오

1. 그리스도 안에 있는 자들에게는 어떤 차별도 없다는 바울의 가르침을 교회에서 실천하려면 어떻게 해야 할까요?

2. 예수님이 십자가와 부활로 이루신 '한 새사람' 공동체의 가치는 무엇입니까? 어떻게 그 가치를 극대화할 수 있을까요?

3. 따뜻한 교회 공동체를 세우기 위해 당신이 내려놓고 실천해야 할 것들이 있다면 무엇입니까?

4. 모든 사람이 차별 없이 동등하다는 기독교의 가르침이 세상에 미칠 영향은 무엇일까요?

5. 개인의 차이가 엄연히 존재함에도 불구하고 "각각 자기보다 남을 낮게 여기라"라는 바울의 가르침은 어떤 공동체를 지향하는 것일까요?

바울이 보낸 성도 십계명

1. 예수님을 믿고 구원을 확신하라

2. 그리스도의 장성한 분량까지 자라 가라

3. 신앙고백과 일치된 삶을 살라

4. 그리스도의 복음에 합당하게 생활하라

5. 자신을 위해 살지 말고 예수님을 위해 살라

6. 자기보다 남을 낫게 여기며 연합하라

7. 복음을 말로 나누고 삶으로 보여 주라

8. 사랑의 예수 공동체를 세워 가라

9. 거룩, 사랑, 선행의 삶에 매진하라

10. 작은 일이라도 주께 하듯 충성하라

내가 쓰는 성도 고백문